la numérologie relationnelle

Mise en page : P.A.O. Bocage 92150 Suresnes

CP 313 – 1225 CHENE BOURG / Genève (Suisse)
ISBN 2-88058-356-X - LS 598

Philippe de LOUVIGNY

L'AMOUR ET LES NOMBRES

LES ENTENTES DES ÊTRES ET DES NOMBRES

LA NUMÉROLOGIE RELATIONNELLE

LA NUMÉROLOGIE AMOUREUSE

LA CARTE DE TENDRE

Editions Vivez Soleil

INTRODUCTION

Ne vous y trompez pas, ces lignes ne recèlent aucun aspect polisson.

Parler d'accords signifie accorder ses besoins comme des cordes qui chanteront. Nous parlons ici d'ententes affectives.

J'en profite pour m'insurger contre l'expression "sexe opposé". Parlons plutôt de complémentarité, au lieu de se baser sur des idées acquises de sexe dit fort et de sexe dit faible. Le faible n'est d'ailleurs pas toujours celui qu'on croit ! Vais-je survivre à cette assertion ?

Dans cet essai, il s'agit simplement d'essayer d'examiner comment conjuguer ses désirs et satisfaire à deux des appétences sentimentales et naturelles. C'est la raison pour laquelle on ne peut, à mon avis, dissocier l'affectif et les sens. Il existe le cœur et le corps.

Le sexe peut être plaisir, don, communion ou violence, possessivité, assouvissement personnel. Chacun choisit.

Il faut bien plutôt voir dans l'aspect charnel un moyen d'unir le physique et l'âme. Foin de tabous frustrateurs, de morale sexiste, de spoliations castratrices.

C'est en remettant l'affectif et la sexualité à leur juste place, sans fausse pudeur, que l'on peut réaliser la plénitude d'une union. Les amours platoniques durent-elles bien longtemps ? Inversement, vivre uniquement au niveau de l'équateur permet-il d'enraciner des sentiments ? Le lit n'est en aucun cas une finalité. Il s'agit, non de dissocier, mais de réconcilier la chair et l'esprit.

Notre monde acquiert heureusement, petit à petit, une autre vision des choses de la vie. On peut certes regretter un certain laxisme, une permissivité outrancière. Mais

transformer le sexe en fruit défendu, en objet honteux correspond à une amputation de l'être.
Nous sommes tous Yin et Yang. Cela implique une harmonisation de ses composantes, une réalisation de son être profond, une acceptation de ses différences.
J'aime trop les animaux pour rejeter cet instinct que nous avons perdu. Le tout est de le canaliser afin de le sublimer.
En condamnant toutes les dérives, sachons accepter les diversités si elles aboutissent à une fusion. Fuyons la monotonie de l'archétype unique. Vive la variété, n'en déplaise à quelques anti-métisseurs ! Comme le disait Ménédème, au IIIe siècle avant J.-C., *«si le chou a bon goût, il en est de même de la rave.»*
En amour comme en électricité, 1 + 1 = 1 !

Oui, mais cette approche, qui risque d'en décevoir certaines et certains, se base sur une méthode souvent mal perçue. On parle de mages, de gourous, de charlatans... Les horoscopes destinés à des millions de personnes y sont pour beaucoup. Ne parlons pas des logiciels qui produisent des textes mâchés mais incohérents, paradoxaux et totalement impersonnels.
Si, à la source et entre autres farfelus, Pythagore, Platon, saint Benoît, saint Augustin, sainte Thérèse d'Avila, les Cisterciens, la Kabbale, Jung, et même la *Bible* se sont penchés sur les nombres, c'est bien la preuve qu'il existe un aspect caché, qualitatif et non plus quantitatif, derrière le “chiffre”. Le mot recèle déjà une notion de secret.

Je vais donc vous proposer une exploration numé-rologique afin de mieux cerner notre unicité et notre diversité pour pouvoir les conjuguer avec sa ou son partenaire.

Peut-on envisager des possibilités de rencontre et de concrétisation ?
Je ne vous donnerai pas la panacée, mais de simples moyens afin de tendre vers une osmose sensible. Le corps est un outil à ne pas dévoyer mais à sublimer.
Il faut, ici comme ailleurs, jouer un concerto au lieu de d'exécuter chacun sa partition.
Qu'est-ce que la *Carte du Tendre*, initiée par Melle de Scudéry (Clélie, tome 1er)? Plaire, séduire, échanger, et se fondre.

Les puristes pourront s'étonner du fait qu'on ne parle pas ici des 11 et 22, des nombres Extérieurs ou de Réalisation, des défis, du message des lettres, du karma, des Cycles et des Réalisations de Vie, et d'autres aspects encore.
Pour des croquis à plume levée, cet oubli est volontaire.
L'essentiel consiste à donner un aperçu rapide mais néanmoins parlant sur la psychologie de chacun et son voyage parmi nous, voire les possibilités de rencontres.
Munis d'un matériel de base, après un portrait à larges touches des 9 nombres premiers, nous envisagerons les cas de rencontre entre deux personnalités, les accords "cardiaques", le détail de chaque cas de figure, les trajets existentiels et le moment adéquat.

Enfin, quitte à surprendre, je vais essayer de parler plaisamment de choses sérieuses, notamment grâce à l'aide – involontaire et ludique – de nombreux auteurs. On se sent moins seul...

VOTRE MATÉRIEL.

Comme pour toute randonnée, il faut se munir d'un matériel de base. Le voici, équipement, carte et boussole réunies. C'est la partie la plus aride, je l'avoue.

La numérologie se base sur l'identité et la date, toutes deux de naissance. Oublions le nom marital ou les pseudonymes éventuels. Il s'agit de notre planète de départ qui sera paysagée différemment, qui endossera un autre vêtement, mais la structure demeure.

Pour le nom, on fait correspondre les lettres avec des nombres, de la manière suivante :

A	B	C	D	E	F	G	H	I
J	K	L	M	N	O	P	Q	R
S	T	U	V	W	X	Y	Z	
1	2	3	4	5	6	7	8	9.

Un exemple ? Que diriez-vous de Giovanni Giacomo Casanova, né le 2 février 1725 ?
La grande majorité des numérologues français utilise le premier prénom et le patronyme. Les anglo-saxons tiennent compte de tous les prénoms.
Je vous propose donc les deux calculs.

1 – Méthode

Méthode européenne.

a) G i o v a n n i   C a s a n o v a
7 9 6 4 1 5 5 9   3 1 1 1 5 6 4 1

Total : 68.
On réduit : 6 + 8 = 14 = 1 + 4 = **5**.

Méthode américaine.
GIOVANNI GIACOMO CASANOVA
796 41 559 7913 6 4 6 3111 5 641
Total : 104.
On réduit : 1 + 4 = **5**.
Dans ce cas, le second prénom ne change rien au résultat.
"Vous avez dit bizarre ? Tiens, comme c'est bizarre"...

b) Que diriez-vous alors d'Armandine Lucie Aurore Dupin, plus connue en tant qu'Aurore Dupin, née le 1er juillet 1804, et plus encore sous le pseudonyme de George Sand ?

Méthode européenne.
AMANDINE DUPIN
1 4 1 5 4955 437 95
Total : 34.
On réduit : 3 + 4 = **7**.

Méthode américaine.
AMANDINE LUCILE AURORE DUPIN
1 4 1 54955 333955 139 6 95 4 3795
Total : 123.
On réduit : 1 + 2 + 3 = **6**.
Ici, les résultats divergent.
C'est toute la différence qui existe entre le vécu (le premier prénom), et **l'inné** (tous les prénoms).

Vous obtenez de la sorte le nombre de personnalité, l'axe, la structure, le tronc psychologique de la personne.

Il détermine les capacités de sympathie ou d'antipathie, juste sur le plan relationnel entre deux personnes. C'est un premier pas.

2 – La face cachée de l'iceberg, la sensibilité intime de la personne, ses aspirations qui nous importent beaucoup dans le contexte de cet ouvrage, s'appellent le nombre intérieur.
Il est inclus dans la somme des voyelles de l'identité.
Reprenons nos deux exemples.

a) Autour de Giovanni Casanova
Méthode européenne
G i o v a n n i C a s a n o v a
9 6 1 9 1 1 6 1
Total : 34.
On réduit : 3 + 4 = nombre intérieur **7**.

Méthode américaine.
G I O V A N N I G I A C O M O C A S A N O V A
9 6 1 9 9 1 6 6 1 1 6 1
Total : 56.
On réduit : 5 + 6 = 11.
1 + 1 = nombre intérieur **2**.
Les résultats diffèrent.

b) Au tour d'Amandine Lucile Aurore Dupin.
Méthode européenne.
A M A N D I N E D U P I N
1 1 9 5 3 9
Total : 28.
On réduit : 2 + 8 = 10 = nombre intérieur **1**.

Méthode américaine.

A m a n d i n e L u c i e A u r o r e D u p i n
1 1 9 5 3 9 5 1 3 6 5 3 9

Total : 60.

On réduit : 6 + 0 = nombre intérieur **6**.

Ici également, on obtient deux résultats différents.

3 – Nouvel outil, la grille.

Neuf cases sont réservées aux 9 nombres.

On compte combien de lettres de valeur 1 (A-J-S) vont dans la case du 1, de lettre de valeur 2 (B-K-T) dans la case du 2, de lettres de valeur 3 (C-L-U) dans la case du 3, etc.

Voici l'emplacement des nombres selon les cases :

1	*2*	*3*
4	*5*	*6*
7	*8*	*9*

La quantité contenue dans chaque case révèle un aspect de la personne. Elle accentue, pondère ou atténue tel ou tel aspect de la psychologie d'un individu.

Revenons à notre GIOVANNI CASANOVA analysé suivant la méthode française : 796 4 155 9 3 11 1 5 6 4 1

Combien de A, J ou S, de valeur 1 ? Il y a 4 A et 1 S. Combien de B, K ou T, de valeur 2 ? Aucun. Combien de C, L ou U, de valeur 3 ? Un C. Combien de D, M ou V, de valeur 4 ? Deux V. Combien de E, N ou W, de valeur 5 ? Il y a 3 N. Combien de F, O ou X, de valeur 6 ? On trouve 2 O. Combien de G, P ou Y, de valeur 7 ? Un seul G. Combien de H, Q ou Z, de valeur 8 ? Absents. Combien de I ou R, de valeur 9 ? Au total, 2 I.

5	0	1
2	3	2
1	0	2

Autrement dit 5 lettres de valeur 1, 0 lettre de valeur 2, 1 lettre de valeur 3, 2 lettres de valeur 4, 3 lettres de valeur 5, 2 lettres de valeur 6, 1 lettre de valeur 7, aucune lettre de valeur 8, et 2 lettres de valeur 9.

Méthode américaine.
G I O V A N N I   G I A C O M O   C A S A N O V A
7 9 6 4 1 5 5 9   7 9 1 3 6 4 6   3 1 1 1 5 6 4 1

Combien de A, J ou S, de valeur 1 ? Combien de B, K ou T, de valeur 2 ? Combien de C, L ou U, de valeur 3 ? Combien de D, M ou V, de valeur 4 ? Combien de E, N ou W, de valeur 5 ? Combien de F, O ou X, de valeur 6 ? Combien de G, P ou Y, de valeur 7 ? Combien de H, Q ou Z, de valeur 8 ? Combien de I ou R, de valeur 9 ?

Cela donne la grille suivante :

6	1	2
3	3	4
2	0	3

Cette Grille est évidemment différente puisqu'in-tervien-nent les lettres du second prénom.

b) Quant à notre grande amoureuse et néanmoins romancière du XIX° siècle :
Méthode européenne.
A M A N D I N E D U P I N
1 4 1 5 4 9 5 5 4 3 7 9 5

1		1
3	4	
1		2

Méthode américaine.
A M A N D I N E L U C I L E A U R O R E D U P I N
1 9 4 1 5 4 9 5 5 3 3 3 9 5 1 3 9 6 9 5 4 3 7 9 5

1		6
3	6	1
1		5

On peut remarquer que manquent, ici et là, les nombres 2 et 8.
Nous verrons ultérieurement quelles cases correspondent à tel ou tel aspect de l'individu ou à tel passage temporel.

4 - Le trajet terrestre, le parcours que nous devons emprunter, se nomme le **Chemin de Vie**. Cette route dessine un climat général, et nous n'insisterons pas sur les périodes qui font l'objet d'autres études plus fouillées, telles que celles définies dans «*Trouvez votre partenaire grâce à la numérologie*», paru chez Pocket.

Le calcul est simple puisqu'on se trouve déjà en face de chiffres.

Revenons à nos deux exemples.

a) Casanova était né le 2 février 1725.
Autrement dit le 2 / 2 / 1725.
On additionne 2 + 2 + 1 + 7 + 2 + 5 = 19.
19 = 1 + 9 = 10 = 1.
Casanova avait un Chemin de Vie **1**.

b) Amandine Dupin, ou George Sand, née le 1er juillet 1804, soit le 1 / 7 / 1804, avait
1 + 7 + 1 + 8 + 0 + 4 = 21,
21 = 2 + 1 = le Chemin de Vie **3**.

5 - Enfin, on calcule l'année personnelle, l'ambiance qui nous est réservée pendant les 12 mois d'une année civile. Ce résultat indique la disponibilité, les préoccupations, l'attente de chacun au moyen terme.

Afin de l'obtenir, on additionne le jour de naissance avec le mois de naissance personnel, puis avec l'année civile concernée.

Par exemple, **a)** George Sand, pardon Amandine Dupin, se marie à 18 ans au baron Dudevant.
Elle avait 18 ans lors de ces noces. Cela fait 1804 (année de naissance) + 18 (son âge) = 1822, date du mariage.
Quelle était son année personnelle en 1822 ?
1 (jour de naissance) + 7 (mois de naissance) + 1822 = 1830.
1830 = 1 + 8 + 3 = 12 = **année personnelle 3**.
Mais elle entraîne Alfred de Musset en Italie en 1834.
On recommence : 1 + 7 + 1834 cette fois = 1842 = 1 + 8 + 4 + 2 = 15 = 1 + 5 = **année personnelle 6.**

Enfin, **b)** si l'on se penche sur les multiples aventures de Casanova, arrêtons-nous sur l'année 1755 où il développe une débauche quelque peu prosélyte à Venise.
Né le 2 février, on peut dès lors voir que 1756 + 2 + 2 = 1760 = 1 + 7 + 6 = 14 = **année personnelle 5.**

Attendez-vous pourtant à être étonnés !

LES PREMIERS PROFILS.

Tout cela est bien beau, mais à quoi correspondent donc ces nombres ? Ces résultats sont pour l'instant muets, désincarnés.
Nous allons essayer de lever une partie du voile dès maintenant, de manière d'abord synthétique puisque vous possédez les outils de base.

Voici la signification générale des nombres. La grille apportera des modulations par la suite, et nous développerons les différents cas de figure.

Le nombre 1.

«S'il fallait tolérer aux autres tout ce qu'on se permet à soi-même, la vie ne serait plus tenable.» George Courteline. La Philosophie de Georges Courteline (Flammarion).

Sur le plan psychologique.
Le 1 cherche à s'affirmer. Se voulant le premier, nombre du Yang comme il se doit, il ne dédaigne pas prendre les rênes, décider, diriger. Il sème, découvre, commence, agit en espérant se réaliser. C'est un peu le "moi je" des nombres, à quelques variations près. Superbe et généreux tel le lion d'Hernani, il se montre en général fier, indépendant, non sans ambition personnelle.
Il assume son rôle comme un leader, très malaisément dans le cadre associatif. Avec lui, la vie à deux ou en collaboration, c'est souvent «après moi, je vous en prie...». Ou encore « ralliez-vous à mon panache blanc.» Blanc...
Le 1 est actif, aime posséder ou que l'on soit son débiteur. Il

faudra parfois se méfier d'une tendance possessive ou despotique. Que diantre, il représente l'Unité, ce macho potentiel ! Il fonce vers son objectif sans détours, affirme ses convictions - du moment -, défend mordicus ses opinions et ne déteste pas être connu. Peut-être vaudrait-il mieux qu'il soit reconnu, sinon, maître Corbeau sur un arbre perché... Que voulez-vous, tout grand homme a ses petites faiblesses ! Remarqué ou remarquable ? Tout dépend de lui.

C'est un ami loyal, à condition qu'on ne le contredise pas trop. Il reste le maître chez lui. Laissez-lui le plaisir d'avoir des initiatives. Un prince ou une princesse, le 1 ? Diable, non ! Le roi ou la reine !

C'est un passionné, sexuellement déterminé, cherchant à obtenir ce qu'il veut, avec qui il veut et quand il le veut, sans trop s'embarrasser de détails. Il n'aura pas peur de faire les premiers pas. Audacieux, inventif, il ne dédaigne pas l'aventure, répugnant bien entendu à jouer les seconds rôles. Si vous désirez le garder près de vous, surtout ne le contrariez pas ou ne le caressez pas à rebrousse-poils ! Laissez-lui croire que ses idées sont les meilleures, même si, en réalité, vous les avez semées avec doigté. Une fois assimilées, il considérera qu'il en est le créateur.

Il vous prendra avec force et, fier de ses prouesses, réclamera le repos du guerrier. Cela dit aussi bien pour monsieur que madame 1.

Sur le plan temporel.

Indice de démarrage, de début ou de recommencement, le 1 indique fréquemment un changement majeur. C'est le temps des décisions, de l'allant, des restructurations, des reprises en compte personnelles.

Le nombre 2.

« Qu'un ami véritable est une douce chose !
Il cherche vos besoins au fond de votre cœur ;
Il vous épargne la pudeur
De les lui découvrir vous-même» Jean de La Fontaine. Fables. Les deux amis.

Sur le plan psychologique.
Douce fleur bleue caressée par le vent, attentive et fragile, idéaliste et sensible, le 2 aime assister, collaborer, coopérer. Tendre, raffiné, symbole du Yin, il craint la solitude, ce qui peut lui jouer des tours pendables car il préfère être accompagné que seul. Oui, mais accompagné par qui ? «Mieux vaut être seul que mal accompagné » ? Facile à dire pour lui !
Affectif, adaptable, discret, attentionné, diplomate, il s'adapte facilement, quitte à devenir dépendant. Il rêve souvent et la réalité le réveille parfois douloureusement. Il a horreur de la compétition, recherchant une épaule, un tuteur. Dualitaire, il est doué pour le duo mais peut parfois le transformer en duel lorsque sa sensibilité le submerge.
On le dit lunatique, alors qu'il peut se révéler débrouillard pour autrui, beaucoup plus faible pour lui-même, il est vrai. Sensible, il représente l'accord. Il cherche l'harmonie, quitte à concéder beaucoup, conseillant mieux qu'il ne décide ou ne pratique. Il peut se laisser envahir par ses sentiments pour passer à l'indifférence compte tenu de son lunatisme.
Admirable second, alter ego de qualité, il saura se plier aux demandes de son ou sa partenaire, avec docilité, abandon et compréhension. Il aime donner, se donner, en

digne complément. Sa courtoisie et ses attentions charment et retiennent. Il capte l'ambiance et s'y coule avec douceur. Il aurait pu dire, à l'instar de Claude de Givray : *« Si je me suicide avec quelqu'un… je voudrais beaucoup que ce soit avec toi.»* Avec lui, vous aurez des soirées romantiques et des soupers aux bougies, des draps de satin pour vos ébats. Comme il déteste ou ne sait pas dire non, vos désirs seront des ordres.

Sur le plan temporel.
Temps de germination où tout se passe sous terre, hors des regards. Il semblerait donc que rien ne doive se passer. Erreur ! L'entente, le compagnonnage, les relations avec autrui, l'équilibre, la coopération sont à l'ordre du jour. Seulement, sera-ce paix ou guerre ? Union ou séparation ?

Le nombre 3.

«Tout procède nécessairement par trois qui ne font qu'un. En tout acte, un par lui-même, se distinguent en effet :
1 – le principe agissant, cause ou sujet de l'action ;
2– l'action de ce sujet, son verbe ;
3– l'objet de cette action, son effet ou son résultat.» Oswald Wirth. Le Tarot des imagiers du Moyen-Âge.

Sur le plan psychologique.
Le 3 crée, s'exprime, s'extériorise. Sociable, ne sachant pas bien doser ni opposer un refus, il communique facilement. Sensible à l'image extérieure, tant de lui-même que d'autrui, il attache une certaine importance à l'esthétique, parfois coquet, souvent capricieux, toujours en quête de reconnaissance et d'amour. Artiste, mondain, quelquefois dispersé à cause de sa boulimie de vivre, il a besoin d'un public qui appréciera son éternelle adolescence.
Il parle généralement aisément , convainc sans grande difficulté avec une jovialité de bon aloi, célébrant Epicure. Teinté de sens pratique, accompagné par une certaine chance, le 3 possède le goût des contacts humains, une grande sociabilité.
Oh, bien sûr, il peut s'égayer dans la nature, un peu frivole, courant plusieurs lièvres à la fois... Mais son habileté l'aide à retomber sur ses pieds. Il rayonne, persuade, entraîne, anime en ne dédaignant pas faire le pitre si nécessaire. C'est le type même de celui qui dit, à l'instar de Jean-Loup Dabadie : *«j'ai loué pour quatre-vingt-dix-neuf ans. Après, je verrai.»*.
Il ne faudrait pas qu'il s'immobilise, s'abrite derrière des codes et gâche ses chances par une rigidité hors nature !

Sensuel, parfois hédoniste, il sait protéger sa famille avec une générosité rare. Mais il a aussi besoin de plaire et de séduire, ne serait-ce que pour se rassurer. Imaginatif, il sait pimenter l'ordinaire, verticalement et horizon-talement. Il saura vous susurrer des mots tendres, vous écrire des lettres enflammées. Eh bien, si vous souhaitez le retenir, félicitez-le !

Sur le plan temporel.
C'est le moment de la créativité, des aides, des appuis, des relations nouvelles, un développement et des loisirs tout à fait appréciables. Comme le 3 est la suite du 1 et du 2, il peut également annoncer une naissance, au sens propre comme au sens figuré. Si des obstacles apparaissent, ils sont en général minimes et temporaires.

Le nombre 4.

« On n'a jamais employé tant d'esprit à vouloir nous rendre bêtes. Il prend envie de marcher à quatre pattes quand on lit votre ouvrage.» Voltaire à J-J. Rousseau, 31 août 1755.

Sur le plan psychologique.
Carré, le 4 terrestre cherche avant tout la sécurité, dans tous les domaines. Ses tendances sont traditionalistes, plutôt conservatrices, solides en amitié. Il ne s'engage jamais à la légère. Au contraire, il prend tout son temps avant de vous accorder sa bienveillance ou son affection. Sérieux, ponctuel, il offre un visage parfois sévère. Mais, au-delà de cette apparence auto-protectrice, il faut voir sa quête d'équilibre, de durabilité. Un peu "métro-boulot-dodo", il sacrifiera sans hésiter ses propres intérêts au profit de ceux d'une organisation. Réservé, il impose un certain respect. Il n'aime froisser personne compte tenu de sa propre susceptibilité. Il cherche à tout mettre en ordre et en place pour construire, mériter, structurer. Il est droit, net, sérieux, persévérant.
Certains le trouveront routinier, maniaque, entêté, avec une tendance à se noyer dans les détails. Tel un carré avec des côtés bien lisses et des angles un peu plus urticants, il s'assied, s'installe, ou alors s'enferme dans un cadre.
Sentimentalement, il est sûr, solide, fidèle, mais un peu routinier et sans grande fantaisie. Ressentant des blocages intérieurs, il sera pudique, réservé, avare en démonstrations. Il préfère agir que rêver, plus sentimental en réalité qu'il n'y paraît. Il fera de son mieux pour satisfaire l'autre et n'oubliera jamais une date ou un anniversaire. Certes, il n'est guère tenté par la frivolité ou les nouvelles

expériences, mais vous pouvez compter sur lui. N'est-ce pas là le plus important ?

Sur le plan temporel.
Il s'agit en général d'une période d'efforts nécessaires, de construction lente, pénible mais durable. Le labeur, le devoir, la rigueur l'emportent souvent, rarement en vain. Si la volonté et la prudence vont de pair, les délais s'amenuisent et les obstacles diminuent. Il est en revanche, sans ténacité ni circonspection. Il faut alors craindre l'éventualité de cassure, de difficultés.

Le nombre 5.

« L'homme se divise, dans la longueur, du sommet de la tête aux pieds, en cinq parties égales ; dans la largeur, formée par les bras étendus d'une extrémité d'une main à l'autre, en cinq parties égales.» Sainte Hildegarde de Bingen. Un traité de la vie solitaire : Lettre aux Frères du Mont-Dieu. 2 vol. Paris, 1940-1946.

Sur le plan psychologique.
Le 5 représente le chiffre de l'Homme, à mi-chemin entre le 1 et le 9, tel un pentacle dirigé vers le haut, évolutif, ou vers le bas, involutif. Mi-ange, mi-bête....
Sa vie est riche de mouvements et d'expériences. Mobile, énergique, curieux de tout, rejetant les chaînes et les limites, il semble toujours se projeter dans des projets sans vraiment goûter l'instant présent. Comédien, mutable, caméléon ou Arlequin, il trouve dans les sens un dérivatif à d'éventuelles contrariétés matérielles.
Il aime et protège sa liberté personnelle, amateur de variété, plus nomade que sédentaire. On peut lui reconnaître des talents de diplomate, une grande largeur d'esprit – dont il profite par ailleurs -, le sens de la communication, une adresse certaine teintée d'une appétence pour l'aventure. Parfois insouciant, voire irresponsable, il agit sur le coup de ses pulsions, sans trop penser aux répercussions qu'entraînent ses actes. Marcel Achard fait dire à Madame de... : « *ce n'est que superficiellement qu'il est superficiel.*» Oui, car cet arc-en-ciel mérite d'être connu, apprécié, en attendant le moment où il déposera enfin ses bagages avec un vécu souvent original.
C'est le sexuel type. La sexualité constitue pour lui une

source d'échanges imprévus, voire défendus, donc plus savoureux. Il possède un appétit insatiable, veut goûter à tous les plaisirs érotiques. Il aime aussi être surpris, mais pas du tout attendre ! Si vous souhaitez la diversité, de nouvelles manières ou de nouveaux endroits pour faire l'amour, vive le 5 ! Offrez-lui donc de l'innovation et surtout, impérativement, pas de collier ni de chaîne !

Sur le plan temporel.
Des mouvements, des changements se dessinent. Mutation, transformation, libération, dans tous les cas on rencontre ici une modification par rapport au 4 antérieur. Ce n'est pas toujours durable, il est vrai... Mais le climat reste toutefois à l'expansion, à l'amélioration, aux opportunités de tous genres sur un cours quelque peu instable.

Le nombre 6.

« Le six est l'homme physique sans son élément sauveur, sans cette ultime partie de lui-même qui lui permet d'entrer en contact avec le divin. Aussi le chiffre 6 était-il consacré dans l'Antiquité à Vénus-Aphrodite, déesse de l'amour physique.» Le symbolisme des contes de fées. Paris. 1949.

Sur le plan psychologique.
Affectif s'il en est, le bonheur du 6 passe par celui des autres. Archétype de l'amoureux, de l'instinct maternel ou paternel, généreux, il ne sait toutefois pas toujours rester à sa place. Animé de très bonnes intentions – l'enfer en est pavé, dit-on – il a tendance à se mêler des affaires d'autrui.
Or, il se révèle très vulnérable sur le plan affectif. Si tout va dans son sens, rassurant son l'équilibre, il sera médiateur, arbitre, poète. En revanche, s'il rencontre le désintérêt, en manque de stimulations, il risque de sombrer dans l'apathie ou l'errance.
Il est double, comme deux triangles, l'un pointant vers le haut, l'autre vers le bas. Dans un cas, il indiquera le choix, les responsabilités, l'union, la conciliation, la quête d'équilibre. Dans l'autre cas, il peut signaler le risque d'hésitations, de facilités, de séparation, de litiges, d'involution, de doutes et de remises en cause. Ascension ou chute, tout relève du cœur et de ses options, non pas faciles ni impulsives, mais au mieux, sûres et mesurées. Parfois main de fer dans un gant de velours, il faut surtout qu'il apprenne à accepter choses et êtres tels qu'ils sont et non tels qu'il les souhaite. Mais, à l'instar de Jean-Luc Godard, il pourrait avouer : « *Parce que tu me parles avec des mots, et moi, je te regar-*

de avec des sentiments », dans A bout de souffle. Le cœur et ses raisons…
Quant à ses sentiments, le 6 attache une importance capitale à leur réalisation. Merveilleuse rencontre, son indécision défait parfois son aspect affectueux et peut l'emmener au loin. Si la rupture vient de lui, il se remet très vite de son passé. Non, il faut le caresser, le captiver, l'apprivoiser, lui envoyer des fleurs, décorer votre nid, en aucun cas le dompter. Et les violons joueront la sérénade.

Sur le plan temporel.
Un choix s'avère fréquemment nécessaire. Il s'agit d'une alternative. La famille, le couple, l'union sont au centre des préoccupations avec, soit l'union, une naissance, soit la désagrégation, le risque d'une rupture. Comme la période paraît sensible aux sérénades, disons qu'il faut faire attention aux lendemains qui peuvent chanter faux…

Le nombre 7.

«Le nombre 7, par ses vertus cachées, maintient dans l'être toutes choses ; il dispense vie et mouvement ; il influence jusqu'aux êtres célestes.» Hippocrate. Aphorismes.

Sur le plan psychologique.
Caché, oui, car le 7 est un introverti. Ne vous bornez cependant pas à voir la surface étale du lac, encore faut-il que vous distinguiez les remous intenses qui se produisent dans les profondeurs. On a affaire à un poète, à un philosophe, à un chercheur tourmenté qui recherche toujours les relations de cause à effets. Maladroit dans son expression, ne sachant pas recevoir, par pudeur ou orgueil, son esprit critique observe de manière très vive. Mais, telle une savonnette dans une baignoire, il échappe à toute définition, ce qui lui accorde un côté secret, aussi attirant que désespérant.
Le matériel n'est pas de son domaine. De plus, l'amitié offre à ses yeux une importance plus sûre que les élans passionnels. Symbole de la vie intérieure, de l'évolution secrète, le 7 représente l'analyse, l'étude, l'observation, le silence, la solitude – voulue –, et non point un isolement qu'il appréhende.
Il est original, échappe à tout label, fût-il de qualité, indépendant, cachant sous un masque une ambivalence ou une ambiguïté difficiles à maîtriser. En quête d'absolu, il représente les sollicitations de l'esprit jointes à la faiblesse de la matière.
Ses sentiments se révèlent fréquemment confus. S'aime-t-il ? Qui aime-t-il ? C'est le modèle même de l'ambivalent au romantisme inquiet et souvent illogique. Digne et

réservé vu de l'extérieur, il cache un véritable volcan. Mais les éruptions seront plus tacites que loquaces...
Il cherchera à vous percer à jour et vous proposera peut-être des promenades hors de la foule et du bruit, en pleine nature, souvent près d'un cours d'eau romantique ou de la mer infinie. Henri Jeanson semble avoir écrit pour lui : « Je pense que si vous pensez que je pense à ce que vous pensez, nous ne sommes pas très loin de nous comprendre.»

Sur le plan temporel.
On se croirait dans une salle d'attente. Lenteur, délais, réflexion prédominent. Tout se passe comme au ralenti. C'est favorable si l'on étudie, recherche, fait le point ou élabore pour le futur. Mais l'ambiance ne semble guère favoriser la recherche de l'alter ego. En réalité, le domaine matériel est mal aspecté. En revanche, les inattendus s'avèrent généralement positifs.

Le nombre 8.

« Le huit, symbole de l'équilibre central, qui est aussi celui de la Justice.»
Jean Chevalier. Dictionnaire des symboles. Bouquins. 2000.

Sur le plan psychologique.
Signe de l'infini quand il se couche, le 8 cherche à réussir. Réussir dans la vie ou réussir sa vie, tout est là. Il cherche la maîtrise, de soi comme sur l'extérieur. Il a besoin de concret, d'actes, de preuves. C'est un passionnel fort peu diplomate qui soulève l'admiration ou se crée des inimitiés féroces, ou tout l'un ou tout l'autre. Sans demi-mesure, entier, il pêche souvent par extrémisme. Et puis, il ne dédaigne pas les signes extérieurs de richesse... À lui les grands appartements, les belles voitures, un peu parvenu pour quelques-uns, mais ne le lui dites pas ! Selon Paul Gégauff, il pourrait dire, pour appâter sur un ton désinvolte : *« J'en ai assez d'être aimé pour moi-même, j'aimerais être aimé pour mon argent ...»*
Nombre du combat, de la lutte, du matériel, du résultat du travail, de l'activité, celui de l'énergie à canaliser, de l'autorité à pondérer, il est la loi, incontournable.
Avec lui, ça passe ou ça casse, sans pondération !
Il induit construction ou destruction, succès ou sanction, récompense ou châtiment, simple résultat des actes passés.
Indice de force quelque peu intransigeante, absolutiste ou rigide, c'est tout ou rien. On rencontrera un modèle puissant, pragmatique, fort, sécurisant, protecteur ou alors un être tempétueux, destructeur et violent, tel un cyclone qui ravage tout obstacle à sa course.

Affectivement, c'est tout ou rien également. « *Qui m'aime me suive.* » Sa vie amoureuse est un des aspects de sa réussite. Il se décourage rarement. Aussi aura-t-il tendance à se montrer jaloux, possessif, aussi généreux que tyrannique ou violent potentiel en cas de mésentente. Foin de mots ou de détours, sa sexualité est en général intense, source d'expériences et de jeux multiples. Il faut bien dépenser son énergie ! Quitte à vous laisser sur le flanc, si j'ose dire...

Sur le plan temporel.
Les aspects matériels et concrets prédominent. Accomplissement, action, entreprise, solidification, combat, décisions, structuration, affaires, victoire sont à l'ordre du jour de ce plan de campagne. À moins que ce ne devienne l'aspect inverse, sanction, action en justice, peine, accident, rupture brutale et sans appel. Le tout est de le savoir pour éviter les courts-circuits.

Le nombre 9.

> *« Si tu veux réussir à ce que vive un arbre*
> *projette autour de lui cet espace intérieur*
> *qui réside en toi…*
> *Ce n'est qu'en prenant forme dans ton renoncement*
> *qu'il devient réellement arbre.» Rainer Maria Rilke.*
> *Lettres à un jeune poète. 1903.*

Sur le plan psychologique.
Un zeste de don Quichotte, un rien de Diogène, un souffle de Christophe Colomb, un soupçon de mère Teresa – parfois dans un 4 étoiles, il est vrai –, voici le 9. Idéaliste, altruiste, souvent sacrificiel, c'est un être dévoué. Merveilleux conseiller, confesseur attitré, il sait mal mettre en pratique les conseils qu'il dispense aux autres. Il s'évade facilement des contraintes d'un monde matérialiste. Fin pédagogue et psychologue, il pêche pourtant par une naïveté rare, victime de sangsues qui pompent toute son énergie. Il dégage une aura constituée de sagesse – supposée –, de pondération – fausse –, d'ouverture d'esprit – réelle. Le rêve ou l'utopie même risquent de l'emporter au loin.
Nombre de l'apostolat, de la mission et de la transmission, du don de soi au service d'autrui, les expériences acquises sont mises à la portée de l'humanité. On peut dès lors parler de grande générosité, de compréhension, de compassion, qualités propres aux guides. Il ne sait pas ne pas s'investir. Encore faut-il donner à bon escient, à qui de droit, sans assister ni devenir l'Armée du Salut, sinon, on rend les autres dépendants, le meilleur moyen de les aimer étant de leur apprendre à marcher seuls… Il s'en rendra compte, tôt ou tard.

Chevaleresque, il navigue à l'émotivité, avide de grands espaces, hors de limites frustrantes.
Affectivement, c'est un inquiet qui a toujours besoin de preuves pour se rassurer sur l'amour qu'on lui porte. Il plonge dans la romance qu'il vit, un peu crédule, mais toujours prêt à vous satisfaire. Toutefois, comme il sait rarement opposer un refus aux demandes de l'extérieur, sa vie sentimentale ou familiale risque de pâtir de cette disponibilité. Volcan en sommeil, ses réveils sont fulgurants. Sa naïveté lui fait souvent prendre un bon moment pour un engagement à vie.

Sur le plan temporel.
On arrive à une période de conclusion, de bilan, d'achèvement. Du côté positif, on trouve souvent un accomplissement, des contacts avec l'étranger ou les médias. Mais rien ne peut ni ne doit se construire avant la période à venir. Il faut délester la nacelle afin que l'aérostat puisse s'élever, labourer pour préparer de futures semailles. Cela implique donc aussi l'éventualité de cessation, de départ, de terminaison. En éliminant les scories, on favorise son proche devenir.

Un dernier mot sur les "triades", selon l'expression de Florence Campbell :
les 1, 4 et 7 appartiennent au mental. Le 1 au niveau des idées, le 4 en ce qui concerne la forme, le 7 pour l'esprit.
Les 3, 6 et 9 sont émotifs ou sensitifs, artistes révélés ou non.
Les 2, 5 et 8 relèvent de dualités inhérentes à la manière dont ils arrivent à s'exprimer.
Il ne nous reste plus qu'à envisager les différents cas de rencontres possibles.

LES ONDES CROCHUES.

Nous allons sillonner une contrée inconnue en compagnie d'une personne étrangère.
Pour ce faire, on présente X à Y. Premier contact. Une sympathie immédiate s'instaure. Le courant passe. Des affinités encore diffuses semblent se dessiner. Écho, cordialité s'installent. Ou alors, à l'inverse et parfois indépendamment du physique, une sorte de répulsion s'éveille. Indifférence au mieux, rejet irraisonné au pire, X et Y n'entretiendront certainement pas de conversation amicale.
Car il s'agit bien du premier pas, sans s'avancer davantage. Le périple viendra plus tard. Nous en développerons plus largement les divers aspects possibles.
Pour le moment, parlons d'amitié si vous le voulez bien. Cette amitié au sujet de laquelle François Périer a dit : *« Un ami, c'est quelqu'un sur qui nous pouvons toujours compter pour compter sur nous. »*
Que peuvent donc donner les différentes possibilités ?

PORTRAIT DE LA PERSONNALITÉ 1, active.

« Chacun se juge unique, avec raison. Mais on se croit seul unique». Jean Prévost. Les Caractères. Albin Michel.

Bonjour, Mesdames et Messieurs. Le rideau se lève. Permettez-moi de me présenter : en tant que nombre premier, j'entends bien le rester. Dynamique, énergique, actif, j'entreprends et projette. Créatif, bienveillant quand on me caresse dans le sens du poil, je parais sûr de moi. Je n'aime pas rester inaperçu avec mon savoir-faire et mon éloquence persuasive. L'esprit vif, j'agis rapidement. J'inspire confiance, rayonne et cherche à rester le maître des situations. On me trouve en général loyal, sociable, volontaire et ambitieux. Parfois, je peux tendre vers une forme d'autoritarisme, mais je reste intègre. Extraverti, hâbleur, je me méfie des petits, des mesquins, des flagorneurs, bien que je ne déteste pas me voir apprécier, on vous l'a dit... Me montrant le plus souvent enthousiaste, je désire commander, mais dans la plus totale indépendance. Je deviens alors un chef généreux, une personne efficace, noble, magnanime et libérale ou même prodigue, non sans ostentation toutefois.
J'existe sur le mode personnel. Susceptible, il faut veiller à ne pas blesser mon amour-propre. Original, impatient, audacieux, je me sers avantageusement de mon intelligence, de mes atouts. Positif, à moins que je ne m'entête, je conviens mal d'une erreur, doute de moi ou encore refuse toute concurrence. Normalement puissant, sourd à tout conseil ou, pis, à toute forme d'ordre, je peux me montrer un ami sincère. Mais n'oubliez jamais que je pardonne difficilement le mal qu'on pourrait m'infliger, et surtout que j'aime me trouver sur le devant de la scène.

Le 1 est le nombre de l'ego !
Souhaitons que maître corbeau ne tombe pas sur un renard plus futé que moi…

Un jeu qui lui conviendrait.
La réussite.
Une activité sportive ou culturelle adaptée.
Le judo.
Sa planète fétiche.
Le Soleil.
La couleur qui lui convient le mieux.
Le rouge vermillon.
Ses points sensibles du point de vue santé.
La tête et le domaine oto-rhino-laryngologique.

Jean-Louis Barrault avait un tempérament 1.

LES SYMPATHIES DU NOMBRE DE PERSONNALITÉ 1.
« L'amitié est un contrat par lequel nous nous engageons à rendre de petits services à quelqu'un afin qu'il nous en rende de grands.» Montesquieu. Mes pensées.

PERSONNALITÉ 1 et PERSONNALITÉ 1.
Ils brillent, apprécient chacun le premier rôle. Pas de place entre eux pour de la figuration. Au contraire, ils risquent de se consumer !
Tous deux sont indépendants. Ils savent prendre des initiatives et possèdent une énergie suffisante pour remuer ciel et terre. Bien, à la condition de céder un peu à l'autre une part de ses prérogatives… Or les rivalités risquent de l'emporter, les crises d'abonder, les énergies de se disperser. Moi et moi ! On ne peut être le premier que seul, non ?
Compétition, concurrence, joute, antagonismes ont la

partie belle.
Ce rapport indique souvent une tendance dualitaire, tiraillée à hue et à dia, de nervosité accrue, et donc de braises à plus ou moins long terme.
Sur le plan strictement relationnel, c'est plutôt à éviter. 1 + 1 égale bien 2 dans ce cas précis.

PERSONNALITÉ 1 et PERSONNALITÉ 2.
On discerne deux tendances opposées, contradictoires, entre l'indépendance du 1 et la soumission du 2, des rapports fluctuants, tendus, ou bien alors une forte complémentarité proche des rapports dominant-dominé, en tout bien, tout honneur ! Le tout est qu'ils se comprennent, s'acceptent et respectent leurs différences.
Le 2 n'aime guère être brutalisé, mais le 1 adore qu'on l'écoute et le suive.
Le temps jouera son rôle et les pions se mettront en place petit à petit. Entre le premier et le second, ne sont-ils pas prédestinés à se compléter ?
Si l'adaptation réciproque l'emporte, si des concessions, plus proches du 2 que du 1 s'instaurent, ils s'éteindront comme l'eau sur le feu ou s'adapteront l'un à l'autre comme le feu sous l'eau, au choix !
Il s'agit ici de rapports mouvants, dualitaires évidemment, mais ô combien supplétifs !

PERSONNALITÉ 1 et PERSONNALITÉ 3.
Rien ne s'oppose à une sympathie immédiate. L'entente peut s'installer, dynamique, ouverte, harmonique et active.
Le 3 est assez malin pour faire croire à l'autre qu'il le suit aveuglément. Le 1 ronronne. Ils alimentent leur relation par de l'énergie, un fort côté social, extraverti. Si le pre-

mier se laisse caresser la crinière, l'autre saura l'amadouer par une jovialité, un appétit de vivre, une communication tout à fait appréciables. Rien d'aileurs ne s'oppose à ce qu'ils œuvrent ensemble dans une tendance sécuritaire, d'ancrage et de pérennité.
Un seul élément pourrait fausser le jeu : feu tous les deux, puissent-ils ne pas s'embraser sur un coup de tête éphémère. Allons, ce rapport peut aboutir à un duo de qualité.

PERSONNALITÉ 1 et PERSONNALITÉ 4.
Les premiers rapports paraissent malaisés de prime abord. Le 1 est impatient, directif. Le 4 est plus lent, rigoureux. Des quiproquos, des conflits risquent de naître et de bloquer la situation. Oh, ils pourraient se compléter, alors qu'ils se heurtent le plus souvent.
S'ils arrivaient à apaiser leurs tendances immédiates, à se stabiliser, à s'assurer et se rassurer, à s'équilibrer, ce pourrait devenir une relation performante.
Mais le premier impose, veut tout, s'enflamme, l'autre renâcle, exige du temps, réfléchit. Et la caravane passe... Entre le feu et la terre, on aboutit souvent à une aridification du paysage ambiant. Et pourtant, le 4 pourrait calmer l'impétuosité du meneur de jeu. Mais il semble, aux yeux de ce dernier, tellement maniaque, lambin, tâtillon...
Entre l'élan et des blocages, entre l'emballement et les délais nécessaires, il semble que la relation tirera à hue et à dia... Dur, dur !

PERSONNALITÉ 1 et PERSONNALITÉ 5.
Voici un tandem conçu pour les grandes randonnées. Dynamisme, innovation, activité, réalisations se trouvent en commun, sans ombre majeure, si ce n'est, parfois, un problème de longévité.

Ils s'attirent, se remarquent, suivent un rythme parallèle. Le 1, actif, impulsif, trouve un bon complément dans la curiosité et l'adaptabilité du 5.
Aucune monotonie avec un pareil tandem, ne serait-il qu'amical. Certes, le besoin de mouvement, de découvertes du 5 désarçonne parfois son compagnon ou sa compagne qui peut se sentir délaissé(e). Mais, d'un autre côté, ils découvrent de concert, le premier ravi de se faire voir et l'autre satisfait(e) de voir de nouveaux lieux ou de nouvelles têtes.
Il faut simplement ménager la susceptibilité de l'un et respecter la liberté de l'autre.
L'air du 5 attise le feu du 1, indice d'encouragement tout en évitant les incendies.

PERSONNALITÉ 1 et PERSONNALITÉ 6.

Ils ont le libre choix.
Si le 1 l'emporte, des incompréhensions apparaissent, des conflits surviennent, des obligations pèsent lourd, l'autorité pourra étouffer. À contrario, si le 6 gagne, les rapports peuvent devenir favorablement évolutifs.
Comme le 6 séduit, qu'il émane de ce nombre beaucoup de charme, comment le 1 saurait-il ne pas voir là un raffinement rare ? D'un autre côté, l'enthousiasme et l'audace du premier conquièrent aisément une relation parfois hésitante.
Au cas où les responsabilités seraient assumées, les énergies se complètent et l'ensemble se solidifie de concert.
La réponse appartient aux protagonistes, et à eux seuls, bien que la résultante puisse s'avérer mouvante. Fluctuat nec mergitur ? Il faut parfois se méfier des coups de foudre.

PERSONNALITÉ 1 et PERSONNALITÉ 7.

Qui va engager la conversation ?

Le 1 clame, le 7 réclame du silence. Quand le premier dynamise, élance, démarche, entreprend, une progression commune se trouve à portée de leurs mains. Mais, lorsque le 7 l'emporte, des détails, des blocages, des silences, un repli sur soi, des antagonismes peuvent advenir, et des crises éclater.

Le premier se sent désarçonné par le côté insaisissable, secret du 7, ce qui l'attire autant que ça l'énerve. D'autant plus que celui-ci pose bien des questions sans répondre à celles qu'on lui soumet. Et comme il réclame le calme de son antre alors que le 1 aime se montrer, on peut craindre des incompréhensions ou du moins une désynchronicité dommageable.

Ce rapport peut devenir très fort, aussi fort qu'un autocuiseur... Pas assez synchrones, ils trouveraient dans leurs échanges plus de difficultés que de facilités.

Danger !

PERSONNALITÉ 1 et PERSONNALITÉ 8.

Rapports de force, du tout ou rien.

Oh, ils s'attirent, tels des aimants, tous deux dégageant force, confiance et autorité.

Quand le 1 dirige, les rapports deviennent constructifs, efficaces, fiables, lucratifs. Lorsque c'est le 8, des rapports de force apparaissent, la concurrence s'aiguise, les puissances s'affrontent, les rapports deviennent instables et tendus.

Qui cédera ? Ils sont aussi butés et fiers l'un que l'autre... Avis tranchés contre opinions catégoriques, personne n'acceptera le second rôle. Faire de la figuration ? Quelle horreur !

Leur domaine idéal serait l'entraînement sportif, ou les endroits de luxe. Mais il n'est pas toujours aisé de vivre sur ce pied ou de fréquenter stades ou salles de gymnastique… Il faudrait que leurs objectifs soient compatibles, sans se faire d'ombre.
L'enjeu semble bien mouvant, voire tendu…

PERSONNALITÉ 1 et PERSONNALITÉ 9.
Le 1 commence, le 9 termine. La boucle est bouclée.
Ce rapport paraît favorable surtout si les objectifs se partagent et si la compréhension demeure. Dans le cas contraire, la porte s'ouvre sur des conflits ou de l'agressivité.
Certes, ils peuvent beaucoup s'apporter, innover, provoquer maints changements, y compris entre eux !
Si le 9 accepte de suivre des directives, approuve des initiatives, encourage ou aide, comme il en est largement capable, en réponse, il ouvre de larges horizons au 1.
Le seul véritable handicap consiste dans la disponibilité du 9 alors que le 1 exige une sorte de dévotion, ne serait-ce que par jalousie. Heureusement, la tolérance existe, le pardon aussi, du côté du 9, bien entendu !
Avec un peu de calme et de réflexion, cela peut devenir de bon augure. On misera sur eux si leurs feux se conjuguent et s'ils facilitent leurs échanges.

Les nombres qui s'entendent favorablement avec la personnalité 1 : les 3 et 5.
Les nombres qui sympathisent plus ou moins avec la personnalité 1 : les 2, 6 et 9.
Les nombres qui posent problème avec la personnalité 1 : les 7 et 8.
Les nombres qui renâclent avec la personnalité 1 : les 1 et 4.

PORTRAIT DE LA PERSONNALITÉ 2, sensitive.

« Il faut être deux pour être trois. » Benjamin Péret. Le Grand Jeu, Souffre-douleurs. (Gallimard).

Autrement dit, l'union ferait la force et rien ne peut s'envisager en sautant les étapes. Je suis l'indispensable second, sans lequel rien ne pourrait exister, n'en déplaise à ma modestie. Vous connaissez les éminences grises ? Pétri de sensibilité, je recherche l'équilibre par rapport à l'environnement. J'apprécie les atmosphères harmonieuses, prêt à capituler plutôt qu'à envenimer. Je suis un réceptif, un tendre, un doux, souhaitant collaborer, s'intégrer, seconder, écouter, aider. Aussi, parlez-moi doucement. Très imaginatif, je rêve, oui, beaucoup, sous cette lune que j'aime tant. Mon entourage ou les événements m'influencent facilement, d'où un caractère qu'on dit cyclothymique. Chez moi, tout passe par l'émotion. Je me révèle confident de qualité, excellent conseiller. Ami dévoué, diplomate, patient la plupart du temps, je ne peux me réaliser que pour, avec ou par les autres, rarement pour moi seul. Mon besoin de compagnie me transforme en proie facile pour qui offre un visage aimable. Si je semble manquer de tonus et de force, si je déprime parfois, je rayonne néanmoins doucement, telle une veilleuse. En réalité, je constitue le véritable pivot d'une famille avec un côté oblatif qui me rend discrètement indispensable. J'inspire confiance avec ma délicatesse réservée. Timide, je peux demeurer un peu indécis, manquant d'affirmation de moi, subissant plus que réagissant. Fait de caprices et de générosité, de fluctuations et d'énergie au service d'autrui, de passivité et de charme, discret et gaffeur, je figure à l'évidence le nombre de la dualité. Mon besoin viscéral d'affection et d'amour font de moi une victime parfaite, un ou une partenaire rare également. Romanesque, je cherche ma différence et ma ou mon complémentaire. Si l'influence du moment, le désir de mieux-être peuvent quelquefois provoquer quelques incartades momentanées, alors, je culpabilise et n'apprécie rien tant que de réintégrer le foyer. Par ailleurs, si je vous mentais, dites-vous que c'est pour ne pas vous chagriner…

Un jeu qui lui conviendrait.
Jacques a dit.
Une activité sportive ou culturelle adaptée.
Le ping-pong, la poésie.
Sa planète fétiche.
La Lune.
La couleur qui lui convient le mieux.
Le gris perle.
Ses points sensibles du point de vue santé.
Le système nerveux, l'estomac et les reins.

Thierry le Luron avait une personnalité 2.

LES SYMPATHIES DU NOMBRE DE PERSONNALITÉ 2.
« Il est sage de verser sur le rouage de l'amitié l'huile de la politesse délicate.» **Colette.**

PERSONNALITÉ 2 ET PERSONNALITÉ 1.
Voir le rapport de la personnalité 1 avec la personnalité 2.

PERSONNALITÉ 2 et PERSONNALITÉ 2.
Tous deux détestent la solitude. Pacifiques, ils évitent les conflits. Leurs relations se basent sur un respect mutuel. Ce sont des assauts de gentillesse, d'attentions, de patience, sachant très bien leur fragilité devant les cri-

tiques ou l'indifférence. Ne sachant guère dire non, ils tendent vers le consensus et la paix. Pas de colère, pas de disputes, quel drame ! Ces attentions rassérènent, mais aucune force particulière ne vient étayer les rapports. Et c'est bien là, hélas, que le bât blesse. Deux radeaux couverts de fleurs mais à la dérive. Personne pour guider ou diriger l'autre. Trop de ressemblances, d'où une émotivité accrue, des troubles à tous les niveaux, même non formulés. Peut-on vivre en face de son reflet dans un miroir ?
Ce tandem peut connaître limitations, frustrations, blocages, malgré des efforts constants.
Ils risquent de se noyer ensemble.
Dommage !

PERSONNALITÉ 2 et PERSONNALITÉ 3.
C'est un rapport apparemment bénéfique et harmonieux, bien que mouvant, trop peut-être.
Les deux profils se complètent, bien qu'un peu freinés par le 2, mais très évolutifs ensemble, avec une ambition protégée, beaucoup d'imagination et un dynamisme créatif.
L'un est certes bavard, mais il sait entraîner, convaincre, dynamiser. L'autre sait patienter, attendre, aider. Ce seront encouragements réciproques, même sur des modes différents. Oh, l'impulsivité du 3 pourra choquer le sensible 2, mais ils s'apercevront qu'il s'agit bien ici de tendances complémentaires plus qu'antagonistes. Ils joueront le rôle de contrepoids, à la condition de s'écouter.
À eux deux, ils connaîtraient et apporteraient changements, novation, liberté (à partager).
Les rapports demeurent cependant ondoyants, plus que de raison...
Tous nos vœux, et du calme ! Est-ce vraiment possible ?

PERSONNALITÉ 2 et PERSONNALITÉ 4.

Les profils s'entendent et se complémentarisent. On se trouve ici devant le double ou la moitié, se sera selon, en toute synchronicité. Discrets l'un et l'autre, ils peuvent s'apporter beaucoup : le 4 va organiser, ranger, classer, mettre de l'ordre, alors que le 2 saura entendre les leçons et participer de son mieux. Hélas, cela reste souvent sur le plan du possible et d'une stabilité éventuelle, car, la plupart du temps, se créent des tensions, de remise en cause, la nécessité de sacrifices qui engendrent vague à l'âme ou crises.

Il leur faut beaucoup de patience, de ténacité, de com-préhension pour que leur accord perdure. Cédera, cédera pas ? Tiendra ? Tiendra pas ? Ils le peuvent fort bien !

Accord, oui, mais aussi un choix à faire, indice de conciliation tout comme d'hésitations.

Encourageons-les. Restons positifs. Émettons un avis favorable puisqu'ils leur appartient de se fertiliser ou non.

PERSONNALITÉ 2 et PERSONNALITÉ 5.

Rien de va plus ! Se trouvent en présence deux profils très différents. Le 2, calme, attentif, coopératif mais d'une prudence pacifique, se trouve confronté à l'impulsivité, à la rapidité, à l'énergie mobile du 5. Ce dernier appelle le changement. L'autre réclame la sécurité. Ils peuvent se comprendre et s'admettre, mais à une certaine distance...

Instabilité, mouvance, remises en question, abus, erreurs, angoisses, rapports parfois très "dominant-dominé". Un pur-sang confronté à une tendre pouliche, tout indique plus de risques d'instabilité que d'entente à proprement parler. Il leur faudrait garder leurs portes grandes ouvertes, avec tous les risques de courants d'air.

Or, les moments de silence, les exigences cérébrales ou intellectuelles, le manque de communication poseront problème un jour ou l'autre.
C'est malaisé, mais enrichissant avec un peu de bonne volonté.

PERSONNALITÉ 2 et PERSONNALITÉ 6.
Les tergiversations, les doutes, la dualité, les hésitations arrivent par crises. Ce tandem semble influençable, bien que réuni par un semblable goût esthétique.
Bien entendu, il ne s'agit ici que de rapports sociaux, voire amicaux. Ils partagent un certain raffinement, une appétence romantique, le sens de l'hospitalité, une vive sensibilité.
Mais voilà, l'échec, les changements de cap, le manque de performance, la dépendance semblent menacer ce devenir relationnel. Est-ce irrémédiable ? Non, car, s'ils se stabilisent et s'affermissent de concert, ils peuvent finalement former un duo de grande qualité, avec le temps...
C'est ce courant qui semble prédominer ici, avec l'harmonie des rapports en ligne de mire.
Oui, ils s'avèrent aussi fragiles l'un que l'autre. Cependant, leurs sensibilités composent une plate-forme commune.
Accordons-leur une confiance mesurée et misons sur leur réussite.

PERSONNALITÉ 2 et PERSONNALITÉ 7.
L'entente relève de l'esprit, de la communion des âmes, sur un mode éloigné du monde, au rythme assez lent, dans un rapport paisible, nourri de dévouement et de recherche.
Nous avons un 2 timide, réservé, attentif certes, mais aussi fréquemment indécis. Le 7, lui, parle peu, filtre et observe,

se protège car il connaît ses troubles et ses tumultes intérieurs. Les silences, souvent révélateurs car les yeux parlent aussi, peuvent les réunir comme les interroger. Mais le besoin de solitude du 7 ne saurait répondre vraiment au besoin de compagnie du partenaire. Ils pourraient même amplifier leurs différences au lieu de les conjuguer.
Il leur faut néanmoins se méfier des illusions, chimères ou mirages, apprendre à s'extravertir, consentir des efforts personnels pour qu'une vraie communication s'instaure. Sinon, il existe un risque de noyade. Comptons alors sur la diplomatie du 2 pour amadouer la réserve de cet étranger, aussi attirant qu'insaisissable.
Assez favorable, mais secret.

PERSONNALITÉ 2 et PERSONNALITÉ 8.
L'accord est possible, complémentaire et harmonique dans son ensemble, bien qu'il faille noter une tendance absolutiste dualitaire, un côté batailleur et inquiet à la fois.
Si le 8 impose et le 2 se soumet, pas de problème pour un duo professionnel fiable. Sinon, la stimulation cède la place aux déchirements et au combat, à moins d'une appartenance totale.
Ils peuvent, certes, s'apporter beaucoup, mais risquent de traverser les passages de turbulence dans une ambiance quelque peu cyclothymique.
Le 8 a besoin de diriger, le 2 sait se plier aux exigences. Le premier peut se montrer un peu extravagant, ostentatoire, bruyant, choses auxquelles le second répugne. Le 8 appréciera la gentillesse du 2, tout en lui reprochant de manquer un peu de force. Heureusement, la diplomatie peut régler le différend. A moins que le 2 ne se rebelle, et là, attention aux dégâts !
Avec prudence, gageons sur leur réussite.

PERSONNALITÉ 2 et PERSONNALITÉ 9.

Le 9 est un grand voyageur, le 2 préfère son nid douillet. L'un et l'autre savent se créer des amitiés chaleureuses, parfois un peu vampirisantes sur les bords. Savent-ils se préserver ? Le 2 réclame de l'intimité, le 9 porte trop d'attention à son entourage. Naïfs, sachant malaisément opposer un refus, ils tendent vers une harmonie trop fragile, trop utopique parfois pour que leur relation perdure sans crises.

L'émotivité prévaut. Responsabilités très lourdes, tension nerveuse, extrémisme, états dépressifs, malaises profonds, remises en question, instabilité, tout est soumis à la loi des cycles, tantôt complémentaires, tantôt antagonistes.

Les conflits individuels risquent de l'emporter au détriment de la force commune.

Un pareil compagnonnage réclame l'oubli de soi, un fort idéalisme d'où la possibilité de conflits personnels.

L'enfer est pavé de bonnes intentions, dit-on...

Les nombres qui s'harmonisent ou le peuvent avec le 2 : 4, 6, 7 et 8.
Les nombres qui flottent avec le 2 : 1, 3, 5 et 9.
Le nombre impliquant un rapport trop critique avec le 2 : lui-même !

PORTRAIT DE LA PERSONNALITÉ 3, expressive.

«Que vouliez-vous qu'il fit contre trois ?.» Corneille dans Horace.

Autrement dit, le dynamisme du 1 et la coopération du 2 donnent un profil presque irrésistible.
Comment ne pas passer un agréable moment en ma compagnie, sociable, extraverti qui participe aisément et fait participer sur un mode optimiste ? Du moins dans la majorité des cas, certains portant parfois un masque jovial pour cacher une inquiétude de fond, mais ne le répétez pas. J'aime rencontrer, sortir, échanger, communiquer, parler – tout en observant –, profiter de la vie et de ses plaisirs. Je suis généreux, confiant en moi, affable. Je charme avec esprit, persuade sans effort. Doté d'une intelligence prompte, d'un discernement étonnant, mes idées abondent et constituent une source inépuisable pour mes conversations comme pour mes créations. Éloquent, conquérant, imaginatif, serviable, aimable naturellement – quelquefois à dessein – on recherche volontiers ma compagnie, et je m'y complais. Le plaisir des sens sommeille rarement chez moi. Plus charnel que sexuel, je n'hésite pas à passer à l'attaque pour faire succomber ma proie sous mon verbe et mes sourires. Divertissant, gai, très porté sur le sexe opposé – ou complémentaire –, je demeure néanmoins un indépendant – parfois amoral – qui mettra du temps avant de m'engager durablement. Que voulez-vous, je préfère profiter avant, un peu volage... Quand je m'unis, des sollicitations pourraient me faire fléchir, mais alors, pour une fois discret et pudique, j'éviterai de prêter le flanc aux ragots. J'aime paraître, concrétiser et aimer. Il faut que ma compagne ou mon compagnon représente un certain

prestige. L'esthétique, le côté représentatif, valorisant, ne me laissent en effet pas indifférent. Je choisis donc sur des critères raisonnés, capable alors de me révéler un être chaleureux, profond, fier de mon couple, attentif à mon foyer. Si vous appréciez le champagne et la bonne chère...

Un jeu qui lui conviendrait.
Le saut à la corde.
Une activité sportive ou culturelle adaptée.
Le basket-ball, la peinture.
Sa planète fétiche.
Jupiter.
La couleur qui lui convient le mieux.
Le jaune orangé.
Ses points sensibles du point de vue santé.
La gorge, le foie, la surcharge pondérale.

Pierre Cardin correspond à la Personnalité 3.

LES SYMPATHIES DU NOMBRE DE PERSONNALITÉ 3.
« Antipathie. Sentiment que nous inspire l'ami d'un ami.»
Ambrose Bierce. *The Devil's Dictionary*.

PERSONNALITÉ 3 ET PERSONNALITÉ 1.
Voir le rapport personnalité 1 et personnalité 3.

PERSONNALITÉ 3 ET PERSONNALITÉ 2.
Voir le rapport personnalité 2 et personnalité 3.

PERSONNALITÉ 3 et PERSONNALITÉ 3.
Beaucoup de vie, de dynamisme, de créativité, d'expression en commun. De vrais larrons en foire, mais ce n'est pas toujours la même foire tant les risques de dispersion,

d'agitation, de gaspillage tous azimuts, de négligence peuvent l'emporter en s'amplifiant. Ils partagent beaucoup d'intérêts communs, s'amusant à faire jaillir des étincelles dans les yeux de l'autre. Ils adorent s'amuser, transfigurant même le moindre fait quotidien en occasion de rires et de jeux. Ils vivent au jour le jour, sans grand souci d'ordre ni de discipline. Le luxe les attire. Leurs comptes en banques en témoignent. Tout cela semble bien agréable, mais au lieu de se calmer, ils vont s'exciter.
Hésitation, tentations et choix seront leur lot. Jalousie et disputes risquent d'éclater. Connaissez-vous cette pièce de boulevard qui s'appelait *Les Portes claquent* ?
Le rapport s'annonce savoureux, mais fugace.

PERSONNALITÉ 3 et PERSONNALITÉ 4.
Voici deux natures différentes, l'une extravertie et l'autre plus réservée. La première, dynamique, la seconde rigoureuse, de quoi engendrer des incompréhensions, des frustrations et des conflits. Le 3 vit pleinement, s'amuse à dépasser les limitations de vitesse, ne prend rien vraiment au sérieux, jamais dans le sens pessimiste ou dramatique en tous cas. Le 4, lui, respecte les codes, se révèle posé, méthodique, pratique. Désordre contre ordre, bavardage contre réticences, dispersion contre mesure, que voulez-vous qu'il advienne ? Les limitations semblent devoir l'emporter sur la construction alors que le 4 pourrait assagir et concrétiser efficacement les idées du 3... Simple question de compromis ou de collision.
Ne serait-ce pas l'indice de replis, de retrait, d'incompréhension, contraire au 3 ?
Sous peine de tout brûler, mieux vaudrait s'apprécier de loin.

PERSONNALITÉ 3 et PERSONNALITÉ 5.

Sous le signe du mouvement, de la nouveauté, de l'expansion, voici un duo fort harmonieux. L'énergie, la vitalité, la communicabilité, l'adaptabilité, tout paraît favorisé avec un rare appétit de vivre et une amoralité commune.

L'un parle beaucoup et facilement. L'autre est animé par une curiosité dévorante. Ils aiment autant séduire l'un que l'autre. Humour, spontanéité, énergie vitale, sens de la fête et des plaisirs, tout les pousse à voguer sur des ondes parallèles. Oui mais, car il y a toujours un mais, si minime soit-il, ils peuvent s'essouffler à force de courir en tous sens. Le 5 risque de "décrocher" en cours de route.

Et pourtant, ils s'alimentent, forment et concrétisent. Sur le plan amical ou relationnel, cela ne devrait pas poser de grands problèmes, au contraire. Le tout est d'éviter les indigestions.

Une médaille en guise d'encouragement, mais attention aux excès !

PERSONNALITÉ 3 et PERSONNALITÉ 6.

Ils se complètent, s'entendent, s'accordent, avec une appétence artistique de plus en commun. Rien à dire ! Ils sont prêts à partager un même idéal.

L'originalité tonique du 3 sait convaincre le romantisme raffiné du 6. Adeptes du bien-vivre et de la forme physique, rien ne s'oppose à ce qu'ils partagent et leur goût du confort, voire du luxe, avec de l'imagination et une entente plus que cordiale. Le 6 saura capter l'attention du 3 par son charme, et, inversement, le 3 montrera tant de chaleur, dégagera tant de sympathie souriante, que personne ne pourrait vraiment résister longtemps.

Un bémol : peut-être faudrait-il que le 3 mesure un peu ses

bavardages pour prendre le temps d'écouter ce qu'essaie de dire son ou sa partenaire. Péché véniel !
Ce genre d'échange tend vers l'accomplissement et une harmonie humanitaire.
Ils ne faudrait pas qu'ils se manquent !

PERSONNALITÉ 3 et PERSONNALITÉ 7.

Ambiance variable, car l'esprit est favorisé, mais cela suffit-il pour créer des échanges relationnels constants et solides ? Ou ils se complémentarisent, ou ils s'amenuisent mutuellement. Leur seul terrain d'entente réside dans l'intellect, propice à l'amitié, aux recherches cérébrales, mais avec des problèmes d'ordre relationnel et de communication.
Le 3 aime s'amuser, relativiser, voir le verre à moitié plein, spontané, éloquent, vif-argent. En revanche, le 7 s'avère plus placide, plus distant, réservé, discret, pudique, cherchant toujours pourquoi le verre se verra à moitié plein par les uns, à moitié vide par les autres. Il réfléchit pendant que le premier fonce. Simples différences de rythme qui ne renient pas les qualités respectives mais révèlent de notables différences d'attitudes ou de réactions.
Il s'agit d'un équilibre erratique et problématique, sélectif et variable. Les risques d'affrontement existent.

PERSONNALITÉ 3 et PERSONNALITÉ 8.

Ils se dynamisent l'un l'autre. Le problème est de canaliser envies, élans, efforts de manière durable et pondérée à la fois.
Notre 3 attire par sa chaleur humaine, son sens de la répartie, sa vivacité et son optimisme. Le 8 apprécie, tout en regrettant la propension à la dispersion du feu follet

qui se trouve en face de lui. Le premier apprécie la force, l'impression de solidité et de réussite qui émane du partenaire. Celui-ci s'impose tout naturellement tout en dégustant les épices que sème l'autre dans leurs rapports.
Si le 8 n'écrase pas le 3 par sa puissance et son désir de réussite, c'est un accord plein de vitalité et d'énergie. Sinon, apparaîtraient gêne, conflits, voire explosions. Le 8 exige une appartenance certaine, avec possessivité. Le papillon 3 a besoin de ses ailes.
Leur originalité dégage, certes, une aura évidente, mais aussi une forte tension nerveuse.
Ils foncent ou se déchirent... au choix...

PERSONNALITÉ 3 et PERSONNALITÉ 9.

Aucun problème majeur entre eux. Uns sensibilité esthétique respective, une ouverture commune favorisent ici une relation de qualité.
Le 3 ouvre des perspectives nouvelles aux idées du 9. Ce dernier dégage des effluves de tolérance, de compréhension, d'écoute – très important –, de générosité auxquelles l'autre ne saurait rester insensible. Son enthousiasme s'enflamme quand ils discutent art, voyages, musique.
Ils retrouvent la créativité du 3, avec toutefois une tendance à se disperser ou à ne pas aller au fond de choses qui pourraient ombrager la relation.
Ils peuvent traverser quelques crises et se disputer, rivalisant d'arguments et de cris. Mais le 9 capitulera et tout rentrera dans l'ordre, sans que cela change quoi que ce soit à l'attitude un peu égoïste du 3. Il faut simplement qu'ils prennent le temps de se comprendre. Et ce n'est guère compliqué entre eux.
Il s'agit d'un aspect positif, voire énergique.
Peu ou pas d'hésitation.

Les nombres qui s'accordent favorablement avec le 3 : 1, 5, 6, 9.
Les nombres qui ondoient avec le 3 : 2 et 8.
Le nombre qui s'accorde difficilement avec le 3 : 3.
Les nombres qui s'affrontent avec le 3 : 4 et 7.

PORTRAIT DE LA PERSONNALITÉ 4, carrée.

« Tiré à quatre épingles.» Expression française.

Toi, le Quatre, tu es un nombre de construction lente, pénible, mais continue et stable. Ta personnalité s'en ressent et l'on peut se figurer un être strict, droit, net, sobre. Peu de démonstrations extérieures. Tu désires prendre ton temps pour examiner avant de t'engager. Le choix opéré, tu témoignes d'une grande volonté, d'une persévérance tenace, d'une régularité que d'aucuns appelleraient habitudes. Discret, pudique, prudent, patient, tu parais froid. Rien n'est plus faux ! Il s'agit en réalité d'un grand émotif rentré, quelqu'un qui n'aspire qu'à la stabilité et qui souffre énormément des manquements de parole, des futilités ou des tromperies. Qu'on se le dise.

Tu crois dans la discipline, peut-être plus pour autrui que pour toi-même. Tu cherches à te contrôler en toute circonstance, un peu lambin mais solide, sauf en cas d'imprévus, car là, tu réagis mal, peu armé devant ce qui dérange ton édifice. Peu liant, circonspect, profond, tu ressens fréquemment un sentiment de frustration, de blocage, car rien n'est aussi parfait que tu le souhaites. Urticant par crise bien que fiable, tu représentes la droiture. Pas ou peu de fantaisies. Faire des courses avec toi signifie bien évaluer le rapport qualité/prix. Lorsqu'on désire te satisfaire, il faut des actes et non des promesses vaines ou des mots vides. Tu ne veux t'engager que sur un terrain ferme. Timide, tu t'auto-protèges, ce qui ne t'empêche nullement de ressentir très profondément. Tu respectes les principes, les traditions, même les conventions. Si tu sais mal t'exprimer, emprunté, silencieux ou maladroit, une fois que tu auras donné ton affection, ce

sera pour la vie. Tout d'une pièce, on doit passer outre ta réserve pour distinguer ce que tu offres de vrai, de sincère, de loyal et de durable.
Au fond, il faut te mériter.

Un jeu qui lui conviendrait.
Le Lego.
Une activité sportive ou culturelle adaptée.
Le tir à l'arc.
Sa planète fétiche.
La Terre.
La couleur qui lui convient le mieux.
Le vert cyprès ou olive.
Ses points sensibles du point de vue santé.
Les os (y compris les dents et les articulations), la circulation artérielle, la peau.

Maximilien de Robespierre avait un nombre de Personnalité 4.

LES SYMPATHIES DU NOMBRE DE PERSONNALITÉ 4.
« Les rossignols de l'amitié ne chantent pas comme ceux de l'amour. Ils ont des silences qui valent mieux que de folles paroles. » **Barbey d'Aurevilly. *Disjecta membra.***

PERSONNALITÉ 4 ET PERSONNALITÉ 1.
Voir la personnalité 1 et la personnalité 4.

PERSONNALITÉ 4 ET PERSONNALITÉ 2.
Voir la personnalité 2 et la personnalité 4.

PERSONNALITÉ 4 ET PERSONNALITÉ 3.
Voir la personnalité 3 et la personnalité 4.

PERSONNALITÉ 4 et PERSONNALITÉ 4.

Aussi tatillons l'un que l'autre, ils se limitent au lieu de s'enrichir, se freinent, se frustrent et se bloquent mutuellement. C'est un rapport très dur.

Il ne faudrait pas nier leurs qualités évidentes de netteté, de méthode, de précision. Ils ont besoin d'assises solides, de résultats tangibles, de preuves et d'ordre. Leurs efforts et leur persévérance sont des atouts, mais dans d'autres cas de figure. Au lieu d'alléger leur devoir, ils vont en effet en rajouter. À force, le poids risque de les faire couler. Ils se reprocheront des détails, s'arrêteront à des vétilles qui deviendront des montagnes bloquant toute issue.

L'habitude peut les scléroser alors qu'ils voient très bien ce qui ne va pas. Quant à sortir de l'impasse et concéder, c'est une autre histoire. Ils peuvent s'apprécier, mais de loin.

L'ensemble paraît lent, sans grande étincelle. NON !

PERSONNALITÉ 4 et PERSONNALITÉ 5.

Les buts divergent, la liberté du 5 contre la sécurité du 4. La dualité l'emporte, les changements se provoquent, les tensions éclatent.

À quoi donc attribuer ces hésitations, ces freins, ces heurts ? Le 5 se presse, bouscule, désorganise, change, bouge, ne prévoit pas grand-chose. Le 4 prend son temps, classe, range, stabilise, structure, pense à tout, jusqu'au moindre détail. Il est ponctuel, l'autre pas. Il apprécie le bon ton et la discrétion, à l'inverse du 5. Mouvance contre habitudes, improvisation contre planning, tornade contre calme plat, que voulez-vous qu'il advienne ?

Bien sûr, le 5 pourrait apporter quelque variété dans la vie bien rangée du 4. D'autant plus qu'il est adaptable, mais pas à tout ! Il y a des limites. Au lieu de s'enrichir, ils risquent de heurter pour cause de divergences marquées. Quels courants d'air ! Si vous aimez les conflits...

PERSONNALITÉ 4 et PERSONNALITÉ 6.

Entre un 4 pondéré, apparemment serein, organisé et un 6 avide de stabilité et de certitudes, le courant pourrait bien passer. C'est l'efficacité de l'un jointe à la responsabilité de l'autre. À eux deux ils peuvent affronter les responsabilités, envisager une construction commune, sûre, stable. Tout vise la solidité, la sécurité, l'équilibre, en mettant de l'huile dans les rouages.

Il faudra cependant que le 6 sache un peu mieux compter, l'économie de son partenaire risquant de s'en trouver choquée. Il sera également nécessaire d'avoir des relations calmes, sans intrusions constantes et ressenties comme inopportunes. Parfois buté, ou alors avec un bon esprit de contradiction, le 4 verra le 6 obtempérer si toutefois des disputes épisodiques ne viennent pas dérégler leur relation, quitte à en devenir malades... Loyaux, ils se complètent, le 4 apportant la logique, le 6 la mise en valeurs des rapports.

Sous le signe du renouveau et de l'évolution, ils peuvent fort bien s'oxygéner l'un l'autre.

C'est encourageant.

PERSONNALITÉ 4 et PERSONNALITÉ 7.

Sur le plan cérébral, intellectuel, sans grande fantaisie il est vrai, c'est l'accord possible du réalisme avec la recherche. Il s'agit d'un rapport sérieux, réfléchi, positif dans ce climat uniquement, mais remarquablement.

Le 4 sait ce qu'il cherche. Il y a mûrement réfléchi. Le 7 quête, fouille. Il éprouve une attirance pour les récits histo-

riques ou spirituels. Il estime la précision et la capacité d'aider de l'autre personnage qui procède par catégorie alors que lui-même va directement aux index. Tous deux ont besoin de tester la profondeur et la solidité d'une relation avant de la poursuivre plus avant. Le 7, un peu dépourvu d'esprit pratique, appréciera le sérieux pratique du 4, sa méticulosité, son souci du détail... et de la garantie.
Force mentale, puissance et ascendant spirituel, leurs rapports s'annoncent mouvants pour cause de différences mais enrichissants.
Accord souvent mobile mais plutôt favorable.

PERSONNALITÉ 4 et PERSONNALITÉ 8.
Un 4 économe, perfectionniste, voire tatillon, rencontre un 8 organisé, décidé, volontaire. La valeur du travail, le sens de l'effort les réunissent. Mais voilà, le 4 répugne à exhiber son carnet de chèques ou à exhiber des signes extérieurs de richesse. Le 8 désire montrer sa réussite, impressionner. Aïe. De plus, il veut toujours avoir raison et le 4 s'obstine.
Et pourtant, ils se complètent à merveille, bien que leurs rapports puissent être parfois de nature restrictive et conflictuelle. On peut le regretter car ces blocages, ces luttes, un certain manque de souplesse ou ces limitations se pallieraient fort bien avec une bonne volonté commune. L'intégrité et le sens de la justice du 8 peut intervenir en cas d'arbitrage et le 4 saura en convenir, avec un peu de temps, il est vrai.
Entre eux, les épreuves peuvent s'avérer salvatrices, les sacrifices aptes à faire évoluer le tandem.
Mettez-y de la bonne volonté ! Complémentarité à peaufiner.

PERSONNALITÉ 4 et PERSONNALITÉ 9.

Le 4 est en général peu disert. Il cherche le rapport qualité/prix, la stabilité éprouvée, un réalisme pratique. Le 9 vogue dans les airs, demeure étranger aux questions matérielles, plus sensible aux rapports humains que de silences lourds de questions. Il sait rarement opposer un refus, a tendance à se dépenser sans compter, se montre crédule, idéaliste et même utopiste, alors que le 4 est plutôt circonspect.

Tensions, heurts, contradictions, divergences, perturbations, non, vraiment, ils ne peuvent s'entendre bien longtemps. Le 4 paraîtra mesquin, regardant, et capable de colères susceptibles de faire couler le vaisseau au long cours du 9. C'est un accord potentiellement temporaire, une stimulation de départ, mais qui cède souvent le pas aux blocages à la longue. Rien n'est aisé.

Ça passe ou ça casse. À moins qu'une transformation complète et brutale ne leur permette de repartir sur de nouvelles bases.

Mieux ne vaut pas...

Les nombres qui pactisent avec le 4 : 2, 7 et 8.
Les nombres qui vacillent plus ou moins avec le 4 : 1, 6 et 9.
Les nombres qui résistent avec le 4 : 3 et 5.
Le nombre qui entre en conflit avec le 4 : 4.

PORTRAIT DE LA PERSONNALITÉ 5, mobile.

Cinq couleurs, cinq métaux, cinq planètes, cinq sens... selon les auteurs anciens.

Figaro-ci, Figaro-là, te voici, toi le nomade-né. Sociable, charmant, disert, tu attires, séduis, t'adaptes à tout et à tous, ce qui t'apparente un peu à un caméléon ou à Arlequin. Curieux, tu ne dédaignes ni le risque ni les expériences de tous ordres, à la condition expresse que soit ménagé ton besoin vital d'indépendance. Autonome aventureux, sinon aventurier, tu te cherches longtemps au travers d'autrui. Tu aimes le changement, la variété, le renouvellement, ne détestant rien moins que les chaînes, les engagements au long terme, les habitudes ou la routine. Doué, adroit, vivace, mobile, tu comprends vite, te décides sur un coup de tête.
Comédien, rarement dupe du rôle que tu joues, il ne faudrait cependant pas miser sur toi de manière durable, du moins pendant tes jeunes années. Tu as trop besoin de mobilité, de conquêtes. Joueur impulsif, plus séducteur que sentimental, plus sexuel que romantique, on doit t'accorder un grand charme, un esprit fin, une délicatesse savoureuse. Oh, tu peux te montrer attentionné, chaleureux, affectueux, tolérant et sincère... sur l'instant. Versatile, tu ressens la nécessité de découvrir, de te sentir libre, de connaître d'autres sensations, et la multiplicité ne te fait pas peur. Ne l'étouffez pas, surtout. Laissez-lui une très longue laisse si vous désirez le voir revenir. Don Juan, tu quêtes au fond un amour idéal, par définition impossible, d'où le nombre de tes conquêtes, une fréquente inquiétude sentimentale qui te taraude en dépit des apparences. Est-ce sans espoir de te voir stabilisé ?

Certes non. Avec le temps, le bagage bien rempli, il peut t'arriver de t'unir durablement, si la cause est entendue, surtout en ce qui concerne ta liberté personnelle.
L'amour est enfant de bohème qui n'a jamais connu de loi…

Un jeu qui lui conviendrait.
Saute-mouton, les jeux de rôles.
Une activité sportive ou culturelle adaptée.
Le football ou l'escalade, le théâtre.
Sa planète fétiche.
Mercure.
La couleur qui lui convient le mieux.
Un bleu-vert ou l'arc-en-ciel.
Ses points sensibles du point de vue santé.
Les nerfs, les poumons et les organes sexuels.

Jacques Brel possédait une Personnalité 5.

LES SYMPATHIES DU NOMBRE DE PERSONNALITÉ 5.
«L'amitié est un grand chemin sur lequel on détrousse les hommes et on trousse les femmes.» **Alphonse Karr. *Les Guêpes.***

PERSONNALITÉ 5 ET PERSONNALITÉ 1.
Voir la personnalité 1 et la personnalité 5.

PERSONNALITÉ 5 ET PERSONNALITÉ 2.
Voir la personnalité 2 et la personnalité 5.

PERSONNALITÉ 5 ET PERSONNALITÉ 3.
Voir la personnalité 3 et la personnalité 5.

PERSONNALITÉ 5 ET PERSONNALITÉ 4.
Voir la personnalité 4 et la personnalité 5.

PERSONNALITÉ 5 et PERSONNALITÉ 5.
C'est le seul cas où deux personnalités identiques peuvent s'entendre. À certaines conditions, bien entendu.
Curieux, amateurs de variété et de nouveautés, ils aiment sortir, se moquer des conventions, braver les limitations de vitesse, dépenser leur énergie. De vrais jumeaux ! Tant qu'ils veilleront à surveiller la conduite de l'autre de manière à éviter toute collision, qu'ils partageront le même enthousiasme, s'adaptant à une impulsivité respective, pas de problème. On se ressemble, on sympathise, on communique, parfois même non sans une certaine indiscrétion, on profite de concert.
Mais ne risque-t-on pas aussi de se lasser tant il est vrai qu'à trop se ressembler on va d'excès en abus, de pulsions en instabilité, un jour ici, un autre là, par simple instinct ou manque de structure ? Comme sa liberté finit là où commence celle de l'autre, on s'associe ou on se sépare.
Que d'air ! Et pourtant, en apaisant le bouillonnement, il leur est loisible de se trouver ou de se retrouver, à chaque fois différents, ce qui ne va pas sans leur déplaire.

PERSONNALITÉ 5 et PERSONNALITÉ 6.
L'un a besoin de liberté, l'autre de sécurité. Le premier bouge, le second cherche une harmonie. Comment voulez-vous qu'ils s'adoptent durablement ? Rien n'est sûr, tout risquant de devenir conflictuel et tendu.
Il s'agit du jeu du chat avec la souris. Un chat style Raminagrobis, beau parleur, disponible, ouvrant de larges perspectives. Une souris plus maligne qu'il n'y paraît, ne

cherchant que la quiétude de son nid chaleureux. L'un témoigne d'une activité continuelle. L'autre a besoin de sérénité. Si on essaie de tempérer le 5, de lui faire accepter quelques responsabilités, de le raisonner ou encore de le conseiller, cela le fait sortir de ses gonds. Et il prend la porte.
Les aspirations sont trop différentes, les hésitations et les changements trop fréquents pour que cela perdure. Heurts et quiproquos à l'horizon...
Quelle tension nerveuse au programme ! Il s'agit donc, a priori, d'un rapport mouvant, fugitif.

PERSONNALITÉ 5 et PERSONNALITÉ 7.
Ils sont si différents qu'on a du mal à envisager qu'ils puissent faire connaissance. Le 5 se veut indépendant, le 7 également. Le premier ne souffre d'aucun complexe apparent. Il agit suivant le moment. Il obéit à ses pulsions. Il peut n'avoir que peu conscience de la suite de ses actes. Le 7, quant à lui, reste sur ses positions. Circonspect, mesuré, discret, il a besoin de moments de solitude souvent mal perçus par autrui. Il lui faut le calme, non la précipitation.
Si l'indépendance et la liberté personnelle de chacun sont préservées, des rapports sympathiques et com-plémentaires peuvent s'instaurer, surtout sur le plan de l'évolution intérieure, de la prise de conscience commune. Dans le cas contraire, le vent du large du 5 balaiera la sagesse du 7. Deux autonomies, l'une extravertie, l'autre introvertie.
Il faudra bien des efforts pour allier les différences et se renouveler de concert.
Mouvant et malaisé.

PERSONNALITÉ 5 et PERSONNALITÉ 8.

Quelle vitalité ! Quel dynamisme ! Ce tandem a tout pour défricher, ouvrir, lancer, combattre et concrétiser ensemble, tellement ils peuvent s'harmoniser dans le mouvement et l'expansion, s'ils se contrôlent... Sinon, que de divergences, que d'excès en vue, que de risques encourus !

Le 8 s'impose aux yeux du 5 qui voit là une relation de qualité, voire flatteuse. Volonté, puissance, maîtrise, il sent une personnalité hors du commun. À raison. Toutefois, entre la volonté arrêtée du 8 et la liberté au moins d'esprit du 5, des étincelles risquent de jaillir. Qui concédera ? Qui acceptera de se reposer ? Qui saura calmer les caprices impulsifs du 5 ? Qui assouplira le 8, soucieux de projets précis... et rentables ? Pas de table de jeux !

Il leur faudra faire table rase avant de recommencer leur relation sur de toutes nouvelles bases.

Sera-ce la force ou les risques du sirocco ? Malaisé, animé, difficile à cause de la consommation des moteurs.

PERSONNALITÉ 5 et PERSONNALITÉ 9.

Épris de découvertes et de périples, heureux quand ils se déplacent, sauront-ils s'arrêter tous les deux, en même temps ? Le 9 aime rendre service, se laissant guider par son cœur. Le 5, impatient, perturbateur, déteste les habitudes et les reproches, voyant dans la disponibilité de l'autre un rejet plus ou moins total.

Tout leur problème provient d'une synchronicité à obtenir, et à maintenir. Heureusement, le 9 tolère, comprend, quitte à se faire un peu gruger. Et puis, le 5 saura apprécier la chaleur vibrante qui émane de son partenaire.

S'ils désirent voyager, découvrir, communiquer, transmettre, c'est excellent. Vivent la mission, l'évasion, le nomadisme, l'aventure !

Mais cet aspect signale aussi le risque d'excès possibles, de sanctions au détour de la route, au manque de réflexion qui peuvent engendrer des erreurs de choix, mais temporaires et riches d'enseignement.
Favorablement mobile. Enrichissement mutuel.

Les nombres qui s'unissent avec le 5 : 1, 3, 6 et 9.
Les nombres qui entretiennent des rapports instables avec le 5 : 2 et 5.
Les nombres qui se heurtent avec le 5 : 4, 7 et 8.

PORTRAIT DE LA PERSONNALITÉ 6, amoureuse.

«Conjonction de deux opposés, le sceau de Salomon.» Le Dictionnaire des symboles.

Des deux opposés... D'où la possibilité de former un duo ou d'engager un duel. Mais que voilà une silhouette sociable, douce, pacifique a priori. Nous avons un personnage enthousiaste, spontané, affable, conciliateur ou médiateur hors pair, parfois sophiste... Et puis, toi qui t'enflammes vite, on te voit qui sombre dans la morosité, la critique systématique, pour virer de bord soudainement et aller s'embraser avec la même intensité quelque part ailleurs. On te pardonne pour ta fraîcheur, ta sentimentalité, un sens artistique souvent développé. Tu cherches à être écouté, à plaire aussi, à la fois pour apaiser une inquiétude de base et pour trouver cette ambiance équilibrée et affective vitale en ce qui te concerne. On apprécie d'ailleurs ta compagnie. Tu reçois fort bien, possèdes un sens aigu des responsabilités et apaises... quand tu n'attises pas. Tu ne peux vivre seul bien longtemps, tendant à ne te valoriser que par et pour les autres, le cœur ayant des raisons que ta raison connaît peu. Tu hésites souvent ou alors t'emballes, choisissant par affinités sensibles. Raffiné, émotif et sensuel, tu apprécies la sécurité matérielle, un rien de luxe, les belles et bonnes choses, en gourmet. Affectivement parlant, tu es l'amoureux parfait, dévoué, tendre, câlin, possessif et jaloux aussi... pour le temps que dure ton attachement. Sujet aux coups de foudre, tu balaieras toute sagesse, jusqu'au prochain épisode. Adepte du chantage affectif, tu ne te montres pas toujours d'une fidélité exemplaire. Tu as néanmoins besoin du couple, de la famille pour t'épanouir. Ton équilibre dépend essentiellement de ton bonheur sentimental.

Mais ton perfectionnisme accentue tes exigences et il est rare de te voir totalement satisfait, du moins pas avant ta maturité. Cependant on ne regrette jamais de t'avoir connu, et toi, tu te consoles très vite en retombant follement amoureux, une fois de plus…
«C'est l'amour qui chante dans l'air à la ronde…» Vous connaissez l'opérette *Les Saltimbanques* ?

Un jeu qui lui conviendrait.
Colin-maillard.
Une activité sportive ou culturelle adaptée.
La musique ou la danse.
Sa planète fétiche.
Vénus.
La couleur qui lui convient le mieux.
Le vert émeraude.
Ses points sensibles du point de vue santé.
La colonne vertébrale et le cœur.

Brigitte Bardot répond à la Personnalité 6.

LES SYMPATHIES DU NOMBRE DE PERSONNALITÉ 6.
«Il faut croire à l'amitié pour avoir de douces illusions, mais jamais ne s'abandonner assez fortement pour être surpris de n'avoir embrassé qu'un nuage.» **Sénac de Meilhan.** ***Considérations sur l'Esprit et les Mœurs. De l'Amitié.***

PERSONNALITÉ 6 ET PERSONNALITÉ 1.
Voir la personnalité 1 et la personnalité 6.

PERSONNALITÉ 6 ET PERSONNALITÉ 2.
Voir la personnalité 2 et la personnalité 6.
PERSONNALITÉ 6 ET PERSONNALITÉ 3.

Voir la personnalité 3 et la personnalité 6.

PERSONNALITÉ 6 ET PERSONNALITÉ 4.
Voir la personnalité 4 et la personnalité 6.

PERSONNALITÉ 6 ET PERSONNALITÉ 5.
Voir la personnalité 5 et la personnalité 6.

PERSONNALITÉ 6 et PERSONNALITÉ 6.
Comme presque toujours dans le cas d'identités semblables, les qualités deviennent oppressantes et l'entente malaisée. Bien sûr, ils partagent la même sensibilité artistique, mais aussi la même émotivité. Les responsabilités peuvent devenir obligations pesantes, charges lourdes, le doute s'installer, les exigences à sens unique se confirmer, et le trouble amical s'instaurer à la longue. Il s'agit d'une rivalité plutôt qu'une com-plémentarité.
Que personne ne leur jette la pierre ! Ils sont animés des meilleures intentions du monde. Mais, à trop en faire, on peut lasser, engourdir. Leurs goûts communs s'additionnent comme autant de pierres semi-précieuses au fond d'un sac… de luxe. Saurait-il flotter ?
Rien n'est facile, ou alors il faut tout reprendre à zéro.
On ne peut le conseiller avec certitude.

PERSONNALITÉ 6 et PERSONNALITÉ 7.
Les rapports sont plutôt fragiles, instables, pour cause du besoin du 6 et du retrait du 7. Celui-ci attend de voir, il observe, jauge, sélectionne. Le 6 s'enflamme. Sérénité, esprit d'analyse, pondération appellent l'esthétique, le goût, le raffinement. Toutefois, il ne faudrait pas pousser le 7 dans ses retranchements, lui tirer les vers du nez ou l'obliger à voir du monde quand il réclame le calme et une

solitude voulue. Indépendant il reste. Mais cela peut aboutir à des liens profonds, à la condition que les exigences et le perfectionnisme de chacun sachent se calmer un peu, sous peine de remises en cause. À la condition également que personne ne cherche à avoir une emprise sur l'autre. Un accord reste possible, à leur portée, tout en sachant relativiser les sensations et ne pas sombrer dans une incompréhension ressentie, souvent à tort.
On achève ou on recommence ? On rase pour repartir sur de nouvelles bases ?
Difficile mais possible. Temps variable.

PERSONNALITÉ 6 et PERSONNALITÉ 8.
Des goûts identiques pour la qualité les rapprochent. Le 6 attire, subjugue, impressionne telle une belle bête de race. Le 8 apprécie, et souhaite en tirer profit, comme une image de marque. Le sens des responsabilités de chacun n'a pas tout à fait le même objectif. Le 6 préférera assumer dans le cadre associatif, le 8, lui, verra le rapport éventuel. Ainsi, les liens amicaux tendent à devenir tendus, conflictuels, explosifs, cassants, sinon simplement fragiles. Mieux vaut être prudent. On se cherche, on se trouve, on se complète, on se heurte... On hésite, on remet en question. Le 6 demande des égards. Le 8 aurait tendance à imposer. Mais l'accord matériel ou réalisateur peut parfois prédominer et sauver les meubles.
Autrement dit, des contradictions, des risques d'abus, d'impulsions incontrôlées, de sanctions, du goût pour les défis.
Rapport incertain, peu facile.
Possible, mais avec une grande réserve à conserver en mémoire.

PERSONNALITÉ 6 et PERSONNALITÉ 9.

Tout semble devoir s'harmoniser, à tous points de vue. Humanité, arts, sensibilité, tout est en commun. La générosité du 9, son cœur grand ouvert, son besoin de donner ne sauraient laisser indifférent le 6, soucieux de la qualité des rapports. Leurs sensibilités divergent bien un peu, le 9 réclamant d'être rassuré, inquiet sur la valeur de sa pensée ou de ses actes. Le 6 émotif a besoin de sentir qu'il plaît, toujours et encore, perfectionniste, et plus possessif qu'il n'y paraît. Mais, s'ils assument ensemble les responsabilités, s'ils savent tempérer l'idéalisme un peu utopique du 9 écorcé vif et lutter contre les indécisions du 6, les augures laissent présager d'excellents rapports entre eux.

Il convient néanmoins de contrôler l'émotivité de chacun, de calmer ses sensations et d'assurer une plus grande stabilité dans les rapports. Sinon, gare à l'hyperémotivité mal canalisée !

Alternance de bons et de moins bon, d'énergie à maîtriser, avec, souvent, un démarrage commun vers une vie plus équilibrée.

Concert très encourageant.

Les nombres qui vivent en bonne intelligence avec le 6 : 1, 2, 3, 5 et 9.
Les nombres qui s'avèrent incertains avec le 6 : 4, 7 et 8.
Le nombre qui s'accorde difficilement avec le 6 : 6.

PORTRAIT DE LA PERSONNALITÉ 7, réfléchie.
Être au septième ciel.

Les relations extérieures intéressent peu cet introverti cérébral. Ce mental recherche les causes existentielles, se demande toujours pourquoi et comment. Au lieu de constamment se demander pourquoi, il devrait le troquer en “pourquoi pas”.
Il observe, étudie, examine, filtre. Créateur, novateur, curieux, il expérimente volontiers, améliore, met au point. Ne lui parlez surtout pas de hiérarchie , il a horreur de ça ! C'est un précurseur qui s'affirme en dehors des sentiers battus, et en toute indépendance. Une de ses caricatures serait le savant Cosinus. Sélectif, perfectionniste, cet idéologue prudent ne manque cependant pas de générosité ou d'altruisme, mais il reste et tient à demeurer autonome, exigeant et quelque peu excentrique. Au fond, cet inquiet a besoin de calme et de distance pour se trouver et se ressourcer. Personnage double, sa sexualité peut s'avérer originale, voire marginale dans certains cas, la raison tentant de guider son affectif. Essai parfois réussi, parfois moins, car cela relève de deux choses bien distinctes.
Les effusions ne sont pas de son fait. Il préfère l'union libre basée sur une grande autonomie, conciliant sur les détails, intransigeant sur les principes. Sa sélectivité retarde souvent son union, après maintes aventures, amours ou cassures. La chaussure à son pied ne se trouve pas facilement. Mais si l'autre fait preuve de compréhension, partage les mêmes intérêts que lui, calme les remous intérieurs, alors il peut devenir agréable, attentionné, comme un ami très proche, un compagnon plus que comme un amant fougueux. L'amitié compte plus

pour lui, y compris les relations intimes, que le mariage, ses falbalas et ses obligations. N'oubliez jamais que c'est un être double, intense mais secret. Ne le dérangez pas dans son laboratoire. Et ne lui demandez pas de formuler des mots doux... Entendez ses silences.

Un jeu qui lui conviendrait.
Les échecs ou le bridge.
Une activité sportive ou culturelle adaptée.
La natation, la voile et l'Histoire.
Sa planète fétiche.
Neptune.
La couleur qui lui convient le mieux.
Le bleu indigo.
Ses points sensibles du point de vue santé.
Le système glandulaire et les troubles neurovégétatifs.

Jean-Luc Godard répond à la Personnalité 7.

LES SYMPATHIES DU NOMBRE DE PERSONNALITÉ 7.
«Qu'est-ce qu'une amitié fondée sur l'estime ? Ça ressemble à un amour fondé sur le mariage.» **Stendhal. *Lettre inédite.* 1813.**

PERSONNALITÉ 7 ET PERSONNALITÉ 1.
Voir la personnalité 1 et la personnalité 7.

PERSONNALITÉ 7 ET PERSONNALITÉ 2.
Voir la personnalité 2 et la personnalité 7.

PERSONNALITÉ 7 ET PERSONNALITÉ 3.
Voir la personnalité 3 et la personnalité 7.

PERSONNALITÉ 7 ET PERSONNALITÉ 4.
Voir la personnalité 4 et la personnalité 7.

PERSONNALITÉ 7 ET PERSONNALITÉ 5.
Voir la personnalité 5 et la personnalité 7.

PERSONNALITÉ 7 ET PERSONNALITÉ 6.
Voir la personnalité 6 et la personnalité 7.

PERSONNALITÉ 7 et PERSONNALITÉ 7.
Seules les ententes intellectuelles, voire spirituelles, se trouvent favorisées. Est-ce suffisant pour des rapports relationnels, voire amicaux ? On peut en douter. Ils s'apportent pour mieux évoluer, mais chacun de son côté.
Perfectionnisme mutuel, prudence respective, discrétion bilatérale, ils ne partagent réellement et durablement que leur désir d'indépendance. Aucun empiétement n'aura droit de cité. Certes, leurs cellules grises sont susceptibles de se nourrir les unes les autres tant ils réfléchissent, analysent, mettent au point. Cela risque de se muer en un perfectionnisme outrancier et des exigences énormes. Ils savent bien qu'un miroir reflète une image... inversée.
Il convient de se méfier des remises en cause, des erreurs de choix, de manque de réflexion pour cause d'impulsivité par réaction.
Très, très sélectif... Très, très malaisé.

PERSONNALITÉ 7 et PERSONNALITÉ 8.
Le 7 cherche, le 8 accomplit. Le premier prend son temps, analyse, peaufine, réclame du calme. Le second fonce, entreprend, agit avec force, détermination et impatience. Le 7 aime le travail au calme, dans un antre tranquille,

loin du bruit et de la foule. Il s'apparente à un chercheur en laboratoire. Les questions matérielles ne l'intéressent nullement. Le 8 dirige, brasse, empiète sur le domaine de l'autre, ô sacrilège, guidé par les retombées sonnantes et trébuchantes. Ils trébucheront tôt ou tard, ayant bien du mal à s'accepter, hélas ! Et pourtant le 8 pourrait valoriser le fruit des recherches du 7, alors que ce dernier pourrait affiner la stratégie de l'autre. C'est du conditionnel.
Si vous aimez les conflits, les crises, les culpabilisations, les tornades ou les inondations...
Alternance de chaud et de froid.
Ils devraient pourtant se compléter... Malheureusement cela paraît très malaisé.

PERSONNALITÉ 7 et PERSONNALITÉ 9.
Bien sûr, la même attirance cérébrale ou spirituelle les anime, mais est-ce suffisant pour qu'il y ait accord et communication entre eux ? Les énergies peuvent s'épuiser. On se lasse quand on ne se surmène pas. Et les échanges s'amenuisent... Dommage, car sur le plan du mental, quel tandem !
Le 7 pondéré calme la chaleur du 9. Il ne sait pas, ou mal, en revanche, calmer ses craintes. Le 9, ouvert à toutes les sollicitations humanitaires ou de perspectives larges a tendance à se laisser vampiriser. Pas question pour le solitaire circonspect ! Inutile de forcer les barrages autoprotecteurs, de savoir ce qui se cache derrière cette réserve sérieuse. Et les doutes surgissent, rongent. Que voulez-vous, le 9 a besoin d'être rassuré ! Il ne saurait se satisfaire d'échanges tacites. Il lui est pourtant loisible de comprendre le point de vue de l'autre, mais de là à la partager...
Vigilance à observer, risque de doutes, de remises en

question mais aussi de possibilité d'évolution spirituelle. Éclaircies et giboulées. Aspect remarquable, à maîtriser.

Les nombres qui sympathisent avec le 7 : 2 et 4.
Les nombres qui se révèlent mouvants avec le 7 : 6 et 9.
Les nombres qui contredisent le 7 : 1, 3, 5, 7 et 8.

PORTRAIT DE LA PERSONNALITÉ 8, puissante.

«Quand il y a à manger pour quatre, il y en a pour huit.» Molière, dans L'Avare.

Mais, à l'inverse d'Harpagon, le 8 possède aussi le sens de l'épate.
Adepte du tout ou rien, ce personnage représente l'énergie, le courage et l'ambition. Il se montre intransigeant, entreprenant, hardi. Il ne lésine pas sur les efforts, ne craint pas de relever les défis et entreprend de se réaliser dans le matériel, le concret. Du tangible ! Autant il peut agir avec enthousiasme, décidé, combatif, autant il peut rimer avec ouragan pour parvenir à son objectif. Oh, il sait très bien ce qu'il veut, et chacun sait qui il est ! Franc, direct et même parfois abrupt, il affecte de se moquer de l'opinion d'autrui. Simple attitude d'autodéfense.
Si vous vous situez de son côté, il vous sécurisera, et vous ne pourrez vous empêcher d'admirer son dynamisme. Mais, si vous vous trouvez dans le camp adverse, il n'hésitera pas à vous écarter pour l'emporter. Homme de pouvoir, il peut être loyal, juste, intègre, généreux. N'oublions pas son esprit critique ni son impatience. Il refuse les délais, déteste les obstacles. On voit donc ici un profil entier, absolu, extrême, passionné et passionnel. Quant à l'amour, vous devez succomber sur l'instant. Il aime conquérir rapidement. Nul ne doit résister à son impétuosité. Sans détour, les complications sentimentales le gênent. On le retrouve davantage dans le drame de la jalousie, dans la possessivité, dans la domination, dans le contrat d'exclusivité. Difficile à supporter, on l'aime ou on le déteste. Entier, violent parfois jusqu'aux actes, même destructeurs, il n'admet pas la trahison bien que sa

fidélité prête quelquefois à certaines entorses... Si on l'accepte tel qu'il est, avec ses orages et ses emportements, il peut devenir un com-pagnon loyal, fidèle et sûr. L'important consiste à lui offrir la stabilité, l'attachement et l'affection dont ce faux grand méchant loup a tant besoin.

Un jeu qui lui conviendrait.
Le Monopoly.
Une activité sportive ou culturelle adaptée.
Le karaté, la sculpture.
Sa planète fétiche.
Pluton.
La couleur qui lui convient le mieux.
Un brun foncé.
Ses points sensibles du point de vue santé.
L'appareil digestif. Risques d'interventions chirurgicales.

Yves Montand, de son vrai nom Ivo Livi, possédait une Personnalité 8.

LES SYMPATHIES DU NOMBRE DE PERSONNALITÉ 8.
«Toute amitié doit être recherchée pour elle-même, elle a cependant l'utilité pour origine.» Épicure. Doctrines et Maximes. Traduction Maurice Solovine (Hermann).

PERSONNALITÉ 8 ET PERSONNALITÉ 1.
Voir la personnalité 1 et la personnalité 8.

PERSONNALITÉ 8 ET PERSONNALITÉ 2.
Voir la personnalité 2 et la personnalité 8.

PERSONNALITÉ 8 ET PERSONNALITÉ 3.
Voir la personnalité 3 et la personnalité 8.

PERSONNALITÉ 8 ET PERSONNALITÉ 4.
Voir la personnalité 4 et la personnalité 8.

PERSONNALITÉ 8 ET PERSONNALITÉ 1.
Voir la personnalité 5 et la personnalité 8.

PERSONNALITÉ 8 ET PERSONNALITÉ 1.
Voir la personnalité 6 et la personnalité 8.

PERSONNALITÉ 8 ET PERSONNALITÉ 1.
Voir la personnalité 7 et la personnalité 8.

PERSONNALITÉ 8 et PERSONNALITÉ 8.
Deux forces déchaînées mises en présence. Personne ne cédera. Chacun imposera, créant un affrontement violent, rivalité, la concurrence à plein. Ce tandem est puissant, redoutable même, mais terriblement explosif, cyclo-thymique, dominateur, destructif, dangereux dans les moments de crise.
Oh, ils se reconnaissent et apprécient leurs qualités de lutteurs. On les sent prêts à relever les défis, à triompher avec gloire, à se passionner sur un ouvrage fiable et rentable. Mais on connaît trop ses forces et ses faiblesses pour ne pas les reconnaître chez autrui. Leurs énergies vont se surmultiplier. Leurs ambitions vont se confronter plus que s'harmoniser, et sans grande pondération ! Sans gants, un style direct, le style uppercut sur un ring. Ils rivaliseront de directives, d'ordres, d'initiatives personnelles et personne ne saurait céder.

Doutes réciproques, dépression destructrice. Il faudrait une telle prudence et un tel calme...
Séisme en vue. À moins que vous n'aimiez les centrales électriques.

PERSONNALITÉ 8 et PERSONNALITÉ 9.
Ils peuvent s'apporter beaucoup par la différence de leur potentiel. À condition qu'ils s'acceptent sans se confronter, qu'ils se complémentarisent au lieu d'entretenir des antagonismes, et d'exploser. C'est beaucoup leur demander. Dans le cas contraire, l'absolutisme du 8 va dérégler le 9, et vive la déroute. Ils peuvent élaborer ou détruire ! Qu'ils sachent néanmoins qu'ils pourraient s'apporter beaucoup l'un à l'autre.
Le 9 chaleureux sait en effet admettre et comprendre. Il capitulera au besoin. Mais ce peut s'avérer un peu à sens unique car il est très malaisé pour le 8 d'accepter les différences et de transformer avec douceur les projets idéalistes de l'autre en un projet tangible, constructif et bien réel.
Accord possible, apte à saisir les opportunités, dans une indépendance à respecter et à partager .
Indice pourtant malaisé. Avec une énorme bonne volonté, peut-être...

Les nombres qui font bon ménage avec le 8 : 2 et 4.
Les nombres qui restent indécis vis-à-vis du 8 : 3 et 6.
Les nombres qui contredisent le 8 : 1, 5, 7 et 9.
Le nombre qui rivalise avec le 8 : 8.

PORTRAIT DE LA PERSONNALITÉ 9, idéaliste.

La preuve par neuf.

Dans cette opération de mathématique élémentaire, on voit que le 9 disparaît.
Cet individu altruiste s'efface devant l'humanité, ayant besoin de découvrir, d'élargir ses horizons, de voyager au propre comme au figuré afin d'amasser des connaissances, de connaître des expériences dont il cherchera à faire partager les leçons avec sagesse. La sagesse d'un conseiller, d'un guide, pas toujours celle d'un praticien… Dévoué, généreux, entier, il vit pour donner, transmettre, partager, se valorisant au travers d'un rare penchant oblatif, ce qui entraîne une naïveté apte à attirer vampires et escrocs. Préférant les petits groupes au sein desquels des échanges vrais peuvent s'établir, il répugne à la violence, cherche à éclairer, à orienter avec une écoute et une compréhension qui séduisent. Réservé, réfléchi, prudent, ermite et solitaire, plus introverti que mondain, il peut néanmoins se révéler téméraire, vif, passionné, et l'on découvre alors non plus un sage, mais un personnage tendu. Affectivement parlant, le Neuf est un inquiet. Affectif, romantique, tendre, souvent écorché vif, il recherche l'amour idéal, unique, transcendantal, où la réciprocité soit entière. Apaisez ses craintes, rassurez-le sur vos sentiments ! Hyperémotif, il réagit à des riens et son humeur bascule brusquement.
Il a tendance à idéaliser l'objet de son amour. Mais toute statue a des talons d'argile ; lorsqu'une faille apparaît, l'édifice se fissure et s'écroule sur le pauvre rêveur, lui apportant d'autres cicatrices. Sa sensibilité étonne, sa profondeur attire, ses vibrations désorientent. Deux solu-

tions : ou on le trompe et il se transforme en tornade, ou on le déçoit et il repart dans sa quête un peu utopique, longue-vue à l'œil. Aimez-le, prouvez-le lui, il vous le rendra au centuple. Il faudrait simplement qu'il comprenne qu'il est fait pour l'amour universel et non pas un amour personnel, hélas…

Un jeu qui lui conviendrait.
La marelle, le Scrabble.
Une activité sportive ou culturelle adaptée.
La randonnée ou le tourisme, l'écriture.
Sa planète fétiche.
Saturne.
La couleur qui lui convient le mieux.
Le violet.
Ses points sensibles du point de vue santé.
Le psychisme et la somatisation.

Marcel Pagnol correspondait au nombre de Personnalité 9.

LES SYMPATHIES DU NOMBRE DE PERSONNALITÉ 9.
«L'amitié ? Embarcation assez grande pour porter deux personnes par beau temps, mais une seule en cas de tempête.»
Ambrose Bierce. *Le Dictionnaire du Diable.* Traduction Jacques Papy (Ed. Les Quatre Jeudis).

PERSONNALITÉ 9 ET PERSONNALITÉ 1.
Voir la personnalité 1 et la personnalité 9.

PERSONNALITÉ 9 ET PERSONNALITÉ 2.
Voir la personnalité 2 et la personnalité 9.

PERSONNALITÉ 9 ET PERSONNALITÉ 3.
Voir la personnalité 3 et la personnalité 9.

PERSONNALITÉ 9 ET PERSONNALITÉ 4.
Voir la personnalité 4 et la personnalité 9.

PERSONNALITÉ 9 ET PERSONNALITÉ 5.
Voir la personnalité 5 et la personnalité 9.

PERSONNALITÉ 9 ET PERSONNALITÉ 6.
Voir la personnalité 6 et la personnalité 9.

PERSONNALITÉ 9 ET PERSONNALITÉ 7.
Voir la personnalité 7 et la personnalité 9.

PERSONNALITÉ 9 ET PERSONNALITÉ 8.
Voir la personnalité 8 et la personnalité 6.

PERSONNALITÉ 9 et PERSONNALITÉ 9.
Deux idéalistes, deux hyperémotifs ensemble... Deux humanitaires se rencontrent. Ils vibrent. Chaleureux, emplis de compassion, prêts à beaucoup donner de soi au profit de la collectivité, crédules souvent, ils se trouvent exactement sur la même longueur d'onde. Autrement dit, deux stations radiophoniques semblables sur la même fréquence. Trop fragiles pour aller au-delà d'un respect réciproque, d'une compréhension distante.
Qui épaulera, vitaminera, dynamisera ? Qui saura guider tout en mettant en garde alors que soi-même on sombre dans des pièges identiques ? Qui saura retomber sur terre, en face des dures réalités, sans se faire mal, pour panser les plaies dont on souffre soi-même ?

Émotions, crises, sacrifices, déceptions, pertes douloureuses peuvent être leur lot. À force de viser le même objectif, on peut se faire de l'ombre.
Illusions, mirages, espoirs déçus, manque de prudence.
Deux comburants ensemble.
Pas facile du tout !

Les nombres qui fraternisent avec le 9 : 1, 3, 5, 6 et 7.
Les nombres qui entretiennent des rapports inégaux avec le 9 : 2 et 4.
Le nombre qui dérange le 9 : 8.
Le nombre qui ne se noie avec le 9 : 9.

LES RYTHMES CARDIAQUES.

Connaissance étant faite, il s'agit maintenant d'analyser la potentialité d'entente affective. Comment et avec qui aborder l'île de la Félicité ? Là intervient la véritable carte de tendre.

Le sexe dépend d'abord de l'affectif et des sentiments. N'inversons ni les facteurs ni les priorités.

N'a-t-on pas le cœur qui bat avant et après la tendre guerre ?

Vous remarquerez que j'évite de dire "monsieur" ou "madame". Je préfère parler de personnages, de nombres, du Yin et du Yang, de manière à ne pas exclure les échanges uraniens, même quand la morale les réprouve. D'ailleurs, si la tendresse, l'affection ou l'amour s'y mêlent, le cœur a-t-il un sexe ? Cela dit par ailleurs sans aucun prosélytisme.

Les cas de figure différents, calculés sur la somme des voyelles de l'identité, s'accompagnent de conseils, conseils qu'il vous sera loisible de suivre ou de moduler car personne ne répond à un profil monolithique, et heureusement !

Et puis, selon Émile Pontich, dans ses *Cahiers d'un Individualiste*, V (1911) : *«En amour, on ne s'explique pas : on se fait comprendre.»*

Ou, plus sage, selon Shakespeare, dans *Le Marchand de Venise* : *«Désir meurt comme un goinfre, alors qu'Amour est sobre*

Désir n'est que mensonge, Amour que loyauté.»

Qui est-il ? Qui est-elle, dans son aspect secret, intime ? Qui va attirer, capter le regard, prendre la main, esquisser une caresse, envelopper, convaincre, faire monter au 7ème ciel (espéré) ?

Voici maintenant le diagnostic de la boussole numérologique.

L'ATTITUDE ET LES ESPOIRS DU NOMBRE INTÉRIEUR 1.

«La décision est une belle chose...» **Alexandre Vialatte dans sa traduction de *Goethe et Tolstoï* de Thomas Mann (Attinger, 1947).**

C'est à moi de décider.

Ne voyez rien de négatif dans ce portrait, ou alors ne me le dites pas ! N'oubliez pas que j'apprécie l'admiration, admis sans contestation aucune.

Il émane de moi une aura indéniable, et je n'hésite normalement pas à en user. Solaire, actif, quand j'aime, je dois être fier de mon amour. Idéaliste, je recherche les sentiments durables, qu'on m'accorde un certain dévouement ou qu'on me porte une admiration plus ou moins discrète. Aimez-moi, j'aime ça ! J'exhibe avec orgueil l'objet de ma flamme, celui qui conjugue harmonieusement les rapports verticaux et horizontaux.

J'adore séduire, ne serait-ce que pour me convaincre de mon charme. Si je commets quelques entorses, ce sera pour me rassurer, vérifier le bon fonctionnement de mon magnétisme et conserver le prestige du vainqueur.

Je fuis les médiocres, les articles soldés ou dénués de goût. Passionné, déterminé, direct, je supporte mal les refus, tendant à obtenir gain de cause quand je veux, comme je veux, avec qui je veux et presque où je veux. Les initiatives m'appartiennent, non sans un zeste d'invention ni un rien d'audace.

Mon ou ma partenaire doit faire preuve de docilité, de patience et d'admiration. Je constitue bien sûr l'élément actif du couple, quel que soit mon sexe, le "chef" de famille avec tout ce que cela implique de passion, de générosité, mais aussi d'autorité.

Si j'ai le sens de l'humour, j'apprécie cette affirmation de Louis Scuténaire, dans Mes Inscriptions (1945) : *«Je te m'aime.»*

Comment l'attirer ?

N'ayez pas l'air mesquin ou, pire, ne me donnez pas l'impression d'être un(e) raté(e) ! Non, j'apprécie ce qui me valorise, ne l'oubliez pas. Vous faire présenter par quelque notable que je connais depuis longtemps semblerait la meilleure manière de rentrer en contact. Sinon, pas de ces introductions bidons du style "Vous avez l'heure ?" ou "Vous habitez chez vos parents ?". Échec assuré.

Remarquez et exprimez ce que j'ai de bien. Je me rengorgerais. Demandez-moi mon opinion. J'adore. Je peux dès lors, surtout si je vous retrouve maintes fois sur ma route, envisager un flirt, à la condition que vous ayiez l'air de m'en laisser l'initiative.

Mais, si vous cherchez l'Amour, avec un grand A, alors là, rendez-vous inaccessible. Le style Garbo intouchable. Faites-moi languir. Mon côté "macho" aura à cœur de vous conquérir.

Comment me retenir ?

Ne me dites jamais non. Flattez-moi, mais sans flagornerie outrancière. Faites en sorte que je sois fier de vous. Distinction, noblesse, loyauté, élégance naturelle ou vestimentaire, soyez savamment naturel(le). Admirez-moi, mais si, suivez-moi, en restant soigneusement à la seconde place.

Sur le plan horizontal, normalement je possède un fort appétit. Si vous ne pouvez y répondre, peu de chance de durée. Résistant, je me fatigue lentement, fougueux dans

mes étreintes sans grande réserve. S'il m'arrive de souhaiter me donner en représentation, en général, je reste simple et sans grande déviance.
Évitez les habitudes. L'inattendu peut me stimuler, si j'en avais jamais besoin...

Me faire plaisir ?
Offrez-lui un portrait de moi. Faites encadrer mes diplômes, graver mes boutons de manchette, broder mes initiales sur ma chemise en soie. Proposez-moi tout ce qu'il y a de racé, que ce soit un chien ou une voiture... de luxe. Écoutez-moi. Valorisez-moi.

Vous voulez me déplaire ?
Un beau paquet... avec un article en toc à l'intérieur. Résistez-moi. Critiquez-moi. Ignorez-moi.

Le sportif Adrien Duvillard avait un nombre Intérieur 1.

LES RAPPORTS INTIMES DU 1.
«Je voudrais qu'on en meure
Fit-elle à pleine voix. C'est que c'est la première fois
Madame, et la meilleure.» **Paul-Jean Toulet. *Les Contrerimes.***

INTÉRIEUR 1 et INTÉRIEUR 1.
Coulée de lave entre ces deux personnages dynamiques, énergiques, au tempérament quelque peu dominateur. Cela promet un embrasement fulgurant, des étreintes passionnelles, du feu dans les veines, mais qui sera donc l'élément dominant ? Après le flash, il ne s'agira plus de ressemblance, ni même de concurrence, mais bien plutôt d'une rivalité explosive en vue. Verticalement, ce sera à qui dirigera, imposera, non sans affrontements. Horizontalement, lequel des deux sera le plus "pacha" ou "macho" ?
Leur liaison risque de se découdre, ne serait-ce que par indépendance et entêtement respectifs, chacun voulant avoir le dernier mot. Il faudrait insonoriser l'habitat ou acheter de la vaisselle en prévision…
Quant aux rapports charnels, ils essaieront de varier le menu, le cadre et les expériences, de manière à ne pas se scléroser. Pour le temps où ils s'embraseront.
Si vous aimez les incendies, les orages et les rapports de force…
À proscrire sauf pour une brève rencontre.

INTÉRIEUR 1 et INTÉRIEUR 2.
Le 1 représente le chef, l'élément actif. Il impressionne. Le 2 accepte, en élève presque idéal. Le premier dirige, le second se soumet. Ils sont faits ici pour se compléter, pour stabiliser l'émotivité et l'attente du 2 qui devra

apporter une écoute valorisante, s'ils s'admettent l'un l'autre.
Dans le cas inverse, on pourrait craindre des problèmes affectifs.
Mais, dans le meilleur des cas, la tendresse du 2 saura faire ronronner le 1. À lui les câlins avec sa moitié – qui ne saurait être son double ! Ils vivront un conte de fées tant que l'élément Yin suivra les décisions de son complémentaire Yang.
Il ne faudrait cependant pas que l'un abuse de sa virilité, qu'il veut toujours valoriser, et que l'autre se transforme en serpillière, par trop accommodante. Si l'on n'y prend garde, en cas d'excès, l'entente pourrait alors dégénérer, sous une forme ou sous une autre, en rapports quelque peu sado-masochistes...
Le rapport reste fluide, mouvant, mais fécond dans son ensemble, si tant est que les extrêmes se rejoignent.

INTÉRIEUR 1 et INTÉRIEUR 3.
Voilà de quoi s'enivrer ! L'harmonie, l'entente, la complémentarité et la joie de vivre en commun sont présents. Que souhaiter de plus ?
Le 3 a le don d'attirer l'attention, de quoi fasciner le 1 ! Dynamisme, conjugaison, tout semble – presque – parfait. Pour vivre, ils vont vivre ! À souhaiter qu'ils ne s'épuisent pas à faire la fête ! Ils possèdent ce qu'il faut pour construire durablement, avec une intensité très éloignée des habitudes et du train-train quotidien.
Le goût des belles et bonnes choses, la saveur des rapports, que ne partagent-ils pas ? Il convient toutefois de laisser au 1 son rôle de maître et seigneur. Bien que les chatouilles du 3 puissent lui faire admettre quelques concessions...

Quelques réserves cependant : que le macho de service ne prenne pas ombrage des réserves rieuses ou du bavardage que pourrait émettre le 3, car, alors là, attention à la crise de nerfs ! Il faut parfois craindre des tensions basées sur le besoin de domination du premier.
Sinon, au lit, il prendra plaisir à satisfaire pleinement sa ou son partenaire tout en lui fermant le clapet.
Trinquons à leur entente.

INTÉRIEUR 1 et INTÉRIEUR 4.
Ici, la réserve, la pudeur, la retenue du 4 peuvent énerver le 1. Cela risque de former comme une gêne, à créer des sortes de barreaux contraires à la compréhension respective, sans patience aucune.
Le 4 prend son temps, le 1 court. Leurs différences peuvent les attirer l'un vers l'autre, mais l'anticonformisme se heurtera à un certain conservatisme, non sans un entêtement réciproque.
À la longue, les obligations, les contingences freineront, briment. Il faudra flatter l'orgueil du 1, concéder, alors que le 4 réclame plus de précautions, soucieux d'une discrétion souvent mal partagée. Et puis, il se montre parfois taquin, ce que le 1 prend toujours au premier degré.
Le 4 s'avère souvent doué, manuellement parlant. Tout un programme ! Il aura à cœur de satisfaire les désirs du premier. C'est un élève studieux pour peu qu'on fasse tomber ses préventions. Sa pratique peut s'en améliorer grandement, bien que, plus traditionaliste, il puisse demander à être persuadé, puis félicité sur ses progrès.
Il s'agit d'harmoniser la vitalité et l'originalité du 1 avec un côté plus routinier, mais ô combien plus sûr.
Liberté et changements en vue, certes, mais plutôt chacun de son côté... Mais, si vous aimez les blocages !

INTÉRIEUR 1 et INTÉRIEUR 5.

Que de vie, d'élans, d'impulsivité et de sang chaud en commun ! C'est l'accord presque parfait, dynamique, bien qu'une certaine superficialité soit à éviter sous peine de fugacité. N'oubliez jamais que le 5 tient, lui aussi et plus encore, à son indépendance.

Ils peuvent difficilement ne pas se remarquer, le 1 vif, champion toutes catégories (faites-le lui croire), et le 5 véloce, curieux, aventureux et mobile.

Ils prendront un plaisir certain à s'étonner, à mêler leur intrépidité, à sortir de la monotonie ou de la routine. À la condition que le 1 soit ménagé dans son orgueil, qu'on ne lui donne pas la sensation d'être abandonné, et que le 5 ne sente pas de chaîne autour du cou.

Que d'exploits, que de découvertes, que d'anticonformisme quand il retrouvent leur intimité ! Certains couples de ce type pourraient facilement concourir au marathon. En privé, bien sûr.

Ils peuvent s'alimenter ou s'éteindre, au choix.

Super, très favorable, avec cependant une question : pour combien de temps ?

INTÉRIEUR 1 et INTÉRIEUR 6.

Attention : rien ne devrait les opposer vraiment, si ce n'est que le 1 impose, domine, étouffe quelquefois un peu égoïstement. Toute forme de responsabilité d'ordre domestique se meut alors en obligation et peut apparaître au 6 comme une charge, un frein insupportable. L'ambiance devient lourde, pesante. D'où son besoin de prendre l'air.

Le 6 a besoin d'un certain confort, épris de qualité de vie. On le sent vulnérable. Il attire par son élégance innée, son raffinement et sa sensibilité. Le 1 ne peut que fondre... fondre sur sa proie. Laquelle fera tout tourner autour de

l'autre, dévouée, attentionnée. Elle admirera l'audace et l'enthousiasme du maître et seigneur. Elle saura se plier aux exigences charnelles de son compagnon. Toutefois, l'adoration a ses limites : parfois, elle s'asphyxie et son absolutisme idéalisé risque d'amputer le besoin d'indépendance du 1.
Mais s'ils s'acceptent et temporisent, c'est une belle histoire d'amour en vue, accompagnée de la possibilité d'une évolution intérieure commune !
L'amour se fonde aussi sur des concessions... Les rapports peuvent alors se révéler ondulants.

INTÉRIEUR 1 et INTÉRIEUR 7.
Voici une excellente rencontre pour l'amitié, la vraie, pas davantage. Et c'est déjà beaucoup !
Le 7 peut tout accepter en prenant de la distance, comme résister aux assauts du 1. Mais celui-ci ne va-t-il pas trouver l'autre trop timoré, introverti, pour dépasser durablement le cadre de l'amitié pure ?
Comment engager une conversation ? Si le premier peut se sentir attiré par l'aura de mystère, par la discrétion apparente du 7, ce dernier va jouer un temps de ce qu'il a parfaitement perçu. Il sait taire ses pulsions. Il désarçonne et pique la curiosité en se montrant différent suivant les heures de la journée. Il pose plus de questions qu'il ne répond. On le sent perspicace, réservé.
Amis, ils peuvent partager leur goût des belles choses, intra et extra muros.
Amants, si le 7 cède aux assauts persévérants d'un 1 plein de ressources. Alors, dans l'intimité, il révélera un tempérament fougueux.
A eux deux, il semblerait que l'absolu, le risque de tempêtes puissent menacer leur duo. Ils risquent de s'éteind-

re, à force de bouderies et sur des rythmes de vie tellement différents !
Calme et platonisme seraient idéaux !

INTÉRIEUR 1 et INTÉRIEUR 8.
Deux tempéraments fougueux, intenses, enflammés.
Charisme, aura, effet de puissance, efficacité, besoin de relever les défis, voilà qui les rapproche.
Tous deux se reconnaissent des qualités, l'autorité et l'assurance du 1, l'ambition et l'esprit de décision du 8. Mais la victoire n'est pas facile. Si l'un peut se montre volontaire, voire têtu, l'autre devra rivaliser sur le plan extérieur. Pour eux, pas de petits restaurants bon marché, pas de 2 chevaux, pas d'articles de mauvaise qualité, pas de plaqué. Il faut du luxe, presque de l'ostentatoire. C'est leur goût, et ils le partagent.
En revanche, une fois dans la chambre, ils s'adonneront aux plaisirs de l'amour physique tels des gymnastes. Ils n'hésiteront à recommencer pour améliorer leurs performances.
Mais, encore faut-il, pour que leurs rapports durent, que leurs objectifs se ressemblent. Si l'entente se base sur le matériel, le pratique, le concret, rien ne leur résistera. En revanche, si l'on déborde sur le plan affectif, bonjour les dégâts ! Crises d'autorité, tensions, malaises et jalousie en vue !
Appelons les pompiers pour éteindre l'incendie ou alors craignons de notables difficultés.

INTÉRIEUR 1 et INTÉRIEUR 9.
Ils se complémentarisent, à la condition qu'ils se comprennent, s'acceptent, ne rêvent pas trop ni ne se servent pas l'un de l'autre sur la voie des utopies.

Dans ces conditions, les rapports peuvent devenir harmonieux, surtout s'ils s'ouvrent tous deux également aux autres en occultant leur propre bonheur. Le 1 va poser problème…
Le 9 aime l'humanité. Il vibre aux malheurs d'autrui. On le sent hypersensible, émotif, empli de compassion, brandissant haut l'étendard de l'idéal. Voyageur par l'esprit sinon géographiquement, il rêve et sa chaleur humaine ne peut qu'attirer le 1 conquérant. Celui-ci prendra soin de le séduire, mais, une fois le territoire colonisé, il faudra que son compagnon ou sa compagne lui appartienne totalement et suive aveuglément ses directives. Alors, le 1 ne saurait rien lui refuser.
C'est un peu un Roméo conquérant une Juliette imaginative. Le 9 généreux saura se donner, toutefois conscient que, pour le 1, «charité bien ordonnée commence par soi-même.»
Ils sont tellement intenses que leur combustibilité risque de les réduire en cendres, bien que les brouilles ne durent jamais bien longtemps.
Dévouement exigé, mais récompense en vue.

Le nombre qui se conjugue favorablement avec une sensibilité 1 : le 3.
Les nombres qui s'accordent plus ou moins avec une sensibilité 1 : les 2, 5, 6 et 9.
Les nombres qui se supportent difficilement avec une sensibilité 1 : les 4 et 7.
Les nombres qui s'opposent avec une sensibilité 1 : les 1 et 8.

L'ATTITUDE ET LES ESPOIRS DU NOMBRE INTÉRIEUR 2.

«Le lendemain des noces on vint voir (...)
... si l'époux avait fait son devoir.
Oui, bien, fit-elle, mais j'en fis la moitié.» **Clément Marot. *Epigrammes.***

Ce qui est à moi est à toi.

Incapable de vivre seul, je préfère donner, aider, seconder que créer à proprement parler. Compréhensif, confiant, je souhaite avant tout la collaboration, l'association, œuvrer pour ou avec autrui. Peu ambitieux à titre personnel, bien que finaud, j'ai besoin de tendresse, d'affection, d'amitié, de chaleur, de réconfort. Je ne demande jamais la première place et me contente de seconds rôles. À l'écoute des autres, je recherche l'équilibre, un tuteur et un bonheur paisible. Relativement patient, raffiné, sincère par instant, discret, je demeure tributaire de mes sensations et de ma dualité propre. Sensibilité et sentimentalité me poussent à agir comme un cyclothymique. Je voudrais confort et aises, ne serait-ce que sur le plan de la sécurité morale, sans exiger le luxe pour autant, rassurez-vous. Attentif, prévenant, indulgent, dévoué, j'aime la musique, la poésie, les rêves, sachant toutefois me contenter de peu. J'ai tendance à accumuler, collectionner aisément expériences, savoir, faits ou objets. Je dois lutter contre un penchant à la passivité ou à la soumission, voire une forme de masochisme, manquant un peu de détermination, de force individuelle, je l'avoue. Je souhaite écouter, bon confident et excellent diplomate, mais facilement amoureux ou larmoyant. En ce qui concerne mes ébats privés, libérez-moi peu à peu de mes pulsions retenues. Donnez-moi du plaisir, c'est tout simple.

L'amour est ma priorité absolue. En revanche, la discipline et l'exactitude ne semblent guère être mes points forts, dit-on.
Ce qui donne, pour les qualités indéniables : tact, disponibilité, affection. Le parfait second, sans que cela ait quoi que ce soit de péjoratif. Au tableau des défauts potentiels, relevons en tout ou partie : susceptibilité, timidité, doutes, peurs, laisser-aller, apathie ou dépendance. Mais je demeure essentiellement aimable, au sens étymologique du terme !

Comment m'attirer ?
En douceur, avec moi ! Ne me brusquez pas ! Les travaux d'approche doivent être précautionneux car on a affaire à du cristal. Partagez les mêmes idéaux. Comportez-vous en troubadour. La courtoisie, la galanterie et les attentions ne sauraient me laisser frigide. Soyez doux. Apprivoisez-moi de manière à fissurer ma timidité de départ. Partagez mes idées sur le foyer, l'amour partagé, la sécurité d'un cœur aimant. Ne parlez jamais, au grand jamais, de divorce ! Faites-moi valoir votre situation qui devrait vous mettre à l'abri du besoin. Parlez décoration, aménagement intérieur, chiffons… Montrez-vous stable et fidèle, en principe, je suis suspicieux. Valorisez mon écoute, ma gentillesse, mon sourire. Mesurez vos paroles, le moindre lapsus, la moindre grimace, et ce peut être le drame. Dites “nous”, en évitant le “je” trop égoïste.

Comment me retenir ?
Petits dîners aux chandelles, regarder la lune ensemble dans un climat romantique. Soyez tendre, attentionné, doux, câlin. Offrez-moi des fleurs et n'oubliez ni ma fête ni mon anniversaire. Pensez que mon jardin secret a besoin

d'un entretien constant. Sécurisez-moi, et ce n'est pas si facile qu'il y paraît ! Sachez vous rendre indispensable sans pression, présent sans obligation. Fondez-vous dans mon univers. N'éveillez aucun doute, je pourrais prendre peur et partir. Ce n'est qu'avec douceur, tendresse, insinuations amoureuses que vous conforterez votre position auprès de moi. Sachez que je peux craindre de retomber sous la coupe d'une autorité quelconque, tout en étant attiré par la pérennité. Dilemme dualitaire typique du 2 !

Me faire plaisir ?
Cela peut aller de la chaise-longue ou un divan à l'appareil de photo, de la littérature romanesque aux bijoux (avec des perles de préférence), des draps de satin, des dentelles aux chocolats belges ou encore une chaumière... et un cœur ! *La petite musique de nuit* de Mozart. Des regards tendres, une main qui se pose délicatement sur la mienne, voilà qui fait fondre le 2 romantique.

Vous voulez me déplaire ?
Un radio-réveil, prétexter de tardives réunions de travail. Criez. Ou mentez-moi !

Le comédien Peter Sellers avait un nombre Intérieur 2.

LES RAPPORTS INTIMES DU 2.

«Je suis le corps, toi la meilleure part
Où donc es-tu, ô âme bien aimée» **Louise Labé. *Sonnets.***

INTÉRIEUR 2 et INTÉRIEUR 1.

Voir intérieur 1 et intérieur 2.

INTÉRIEUR 2 et INTÉRIEUR 2.

Chacun respectera les sentiments, les réactions de l'autre. Nul ne saurait offenser le partenaire. Ils tergiversent, hésitent, plus attentistes que réellement attentifs. Après vous, je vous en prie... Au lit comme en d'autres circonstances. Ne désirant peiner personne, il accumuleront tout ce qu'ils n'expriment pas. Et la pression montera... Mais personne ne protégera l'autre. Personne ne pourra s'appuyer sur des fondations solides pour que l'union perdure. Ils ne veulent pas se blesser. Ils se ménagent tant que l'ennui peut poindre. À contempler ses nombrils, l'horizon se restreint.
Certes, sur le plan amoureux, ce seront assauts d'affection, de délicatesse et d'imagination, mais en toute réserve car rien ne leur fait plus peur que tout ce qui sort de la permissivité. Aussi sensibles, aussi émotifs, aussi fragiles l'un que l'autre, c'est la porte ouverte aux troubles relationnels, aux conflits, aux débordements, aux soucis, à l'assistanat qui rend dépendant, aux blocages ou à la solitude abhorrée.
Le duo semble placé sous le signe des limitations, des frustrations, voire des contraintes. Que de remises en cause dans leurs reflets déformés...
Ne vont-ils pas couler ensemble ?

INTÉRIEUR 2 et INTÉRIEUR 3.

C'est très prometteur, encourageant. Ils peuvent fort bien s'harmoniser, dans la communication et la complémentarité.

Élève et professeur, ils savent chasser les nuages gris de l'autre. Le 2 diplomate saura calmer l'impétuosité de son partenaire. En réponse, ce dernier distraira et balaiera les doutes. Oh, on pourra reprocher à l'un de vouloir s'égayer dans la nature et à l'autre de préférer les murs de son nid douillet. Chacun voyage à sa manière... Mais le 2 apprendra à s'exprimer et le 3 à se calmer. Pas dans la chambre ! Volupté au programme.

Ils s'offriront une sécurité, une harmonie sentimentale de qualité, avec des hauts et des bas, mais plus sur le plan de l'énergie à dépenser ou à pondérer que sur celui du partage affectif. Et comme le 2 fuit la solitude, il appréciera la présence souriante et les encouragements du 3.

Ils sont aptes à innover, à varier l'ordinaire, à trouver leur liberté ou plus simplement à se libérer. Ce sera force, s'ils s'additionnent, ou annihilation s'ils comptent leurs différences, au choix.

Qu'ils saisissent donc leur chance, avec moins d'erratisme, si possible.

INTÉRIEUR 2 et INTÉRIEUR 4.

En réalité, le 4 pourrait affermir le 2. Hélas, la plupart du temps, les tensions l'emportent, la rigueur tranche, l'union fluctue. C'est un climat tendu, conflictuel, nourri de doutes, d'agressivité et de rivalité, dans un premier temps. Puis, bien souvent, après s'être testés, les protagonistes s'habituent l'un à l'autre. Ils se tempèrent et deviennent alors complémentaires.

Le 4 se sent capable d'efforts pour atteindre la durée du

couple. Il peut équilibrer le partenaire, certainement plus facilement sur le plan amical que sentimental. Mais qu'ils sont donc compliqués tous les deux ! Dois-je ou ne dois-je ? Puis-je ? Faut-il vraiment ? C'est ainsi qu'on laisse le train partir... D'un autre côté, le 2 a besoin de sérénade et de mandolines. Ses rêves, indispensables, ne sont guère nourris par l'attitude pragmatique et peu loquace du 4. Quant à la fantaisie horizontale, il ne faudrait pas trop compter dessus.
Ils rechercheront l'équilibre et la fusion sentimentale, mais trouveront aussi des indécisions, des hésitations, une union comme.... une rupture. Le 2 plie, le 4 rompt. Pourtant, s'ils tiennent bon, ils ont de quoi déposer du limon sur leurs rives.
P'te ben qu'oui, p'te ben qu'non... Misons sur le positif.

INTÉRIEUR 2 et INTÉRIEUR 5.
Oh, ils peuvent se plaire, s'attirer, se séduire. Le 2 offre une telle réceptivité, un visage si doux, des actes si prévenants. Le 5 apporte le vent de l'aventure. Il anime ou réanime, provoque, met des épices sur le quotidien. Mais, à la longue, le feu apaisé, les querelles, les divergences, les excès et les réactions épidermiques l'emportent. Le 2 a le souci des convenances. Le 5 n'en a cure. Les erreurs de parcours menacent. Les situations peuvent devenir marginales ou cachées. L'instabilité, l'irrégularité, les changements, les fluctuations, voire les abus sexuels se profilent.
C'est compter sans la tolérance et la gentillesse du 2 qui ne peut souffrir de voir son compagnon ou sa compagne triste ou fâché(e). Et comme le 5 fougueux peut allègrement convaincre le 2 prudent et hésitant, leurs ébats promettent d'être savoureux, quitte à les laisser pantelants au matin. Est-ce suffisant ? On peut en douter. Le tour-

billon risque de désorienter et de déséquilibrer à la longue la petite fleur bleue. Elle boudera de son côté, en se calfeutrant dans un coin alors qu'elle a horreur de l'isolement. D'où la naissance de secrets, de distance, de difficultés relationnelles. Ils risquent de s'évaporer.
Qu'ils s'apprécient, de loin ou temporairement, et qu'ils passent leur chemin !

INTÉRIEUR 2 et INTÉRIEUR 6.

Le 6 peut se révéler le protecteur idéal pour le fragile nombre 2. Ayant horreur des explications orageuses, ils évitent de se heurter, ce qui pourrait les mener par ailleurs à taire certains de leurs sentiments. Autant percer les petits boutons sans attendre qu'il y ait un abcès.
Un très grand besoin d'affection et de tendresse les relie. S'ils tendent vers une union stable, dans une maison confortable, avec des enfants, rien ne s'y oppose vraiment. Si, une seule chose : la sociabilité du 6 qui peut donner au 2 l'impression d'être sevré d'une exclusivité affective. Péché véniel. Tout est fait, semble-t-il, pour qu'ils vivent le parfait amour et fondent une famille heureuse. Que demander de plus ? Une petite réserve : planer dans les hautes sphères érotiques en compagnie de Cupidon, voilà de quoi rendre jaloux bien des couples. Toutefois, le cœur est un muscle capital, mais l'estomac réclame aussi son dû. Autrement dit, il faudra accepter de considérer les aspects pratiques, financiers, matériels afin que le couple ne se désagrège pas sous les coups violents d'une pénurie dommageable.
Ils s'acheminent vers un duo puissant, solide. Ils se fortifient.
Viva ! Résonnez musettes !

INTÉRIEUR 2 et INTÉRIEUR 7.

Comment communiquer ? Comment savoir où on en est ? Comment faire le point ? À moins qu'il n'y ait de fortes attirances mutuelles pour les choses de l'esprit, le trouble, l'émoi, les doutes surgissent et tout se remet en question.

Seules les qualités intellectuelles peuvent assurer une vie paisible, du moins sur le plan matériel. C'est déjà ça ! Toutefois, devant le laconisme, le côté secret, fuyant du 7, le pauvre 2 risque de sentir incompris, rejeté, isolé. Tout dépend de la qualité d'écoute, de la compréhension, du dialogue, mais ô combien malaisé... De plus, ce ne semble pas être l'énergie qui va motiver ce tandem, le 2 devant faire les premiers pas, un comble ! Et le calme du 2 peut céder la place à une colère inattendue de sa part, ou à un claquement de porte en ce qui concerne le 7.

Les auspices s'annoncent donc malaisés, calmes en surface, impétueux en profondeur. À eux de se pondérer s'ils désirent le même calme. Ils risquent la noyade ou le déluge. Pas facile de se faire comprendre et pourtant... Tablons sur un accord hypothétique.

INTÉRIEUR 2 et INTÉRIEUR 8.

Il s'agit d'une union affermie, complémentaire, dynamisante, si chacun joue son rôle et tient sa place. Tout est même autorisé sur le plan de la réussite financière commune.

Le 8 peut comprendre, devenir complice, partager la même passion, pour autant qu'on lui laisse toutes les prérogatives. Avec le temps, il est possible que les gamineries du 2 l'agacent un peu, mais comme ce dernier ne saurait rien lui refuser... Il s'agit d'une complémentarité presque parfaite. Ils se dynamisent, se sécurisent. Le 2

apporte le romantisme qui manque au 8. Celui-ci, en réponse, prend les rênes, décide, prend les initiatives.
Cependant, la brutalité potentielle du 8 risque parfois de heurter le 2 fragile. Ce qui ne signifie pas que le 2 ne puisse pas se rebeller quelquefois, à la grande surprise du partenaire, mais ce qui réveille leurs relations et les fait repartir sur de nouvelles bases. Retour à l'unité via le renouvellement.
Parions sur la manière dont le 2 saura amadouer le 8 qui, juste au fond de lui-même, reconnaîtra ses torts et acceptera de se consacrer à son couple. Une fois n'est pas coutume…
Deux éléments faits pour s'accorder. Avec nos vœux.

INTÉRIEUR 2 et INTÉRIEUR 9.
Ils sont tellement émotifs l'un et l'autre qu'ils peuvent fort bien se comprendre, mais mieux vaut qu'ils en restent là. Les sensations dominent, mal contrôlées, les tensions apparaissent, les crises surgissent et l'union risque, un jour ou l'autre, de sombrer dans le chagrin. Devant les risques dépressifs ou de peines, que faire ?
Un jour, ils s'attendriront. Un autre jour, ils s'énerveront. Mais le 9 est un des rares nombres à pouvoir réveiller le besoin de tendresse avec douceur et conviction. Cela sans aucune logique ni fiabilité par ailleurs ! Il ne faudrait pas tabler sur un serment éternel… Trop semblables, ils engendreront doutes, angoisses, tendance dépressive ou crises nerveuses. Mieux vaudrait qu'ils se satisfassent d'une relation amicale, riche en échanges sensibles, intellectuels, voire spirituels, mais pas davantage.
À eux deux, ils évoquent le sens du devoir, de la mission au service d'autrui, pas forcément du conjoint, peu ou pas du tout à titre personnel, et d'une tension relation-

nelle qui les détruirait l'un et l'autre.
Il existe ici un risque d'extinction.
Qu'ils s'aiment donc... de loin. Ils se ressemblent trop !

Les nombres qui se conjuguent favorablement avec une émotivité 2 : le 3 et le 6.
Le nombre qui s'allie facilement avec une émotivité 2 : le 8.
Le nombre qui s'accorde plus ou moins avec une émotivité 2 : le 1.
Les nombres qui se supportent difficilement avec une émotivité 2 : le 5 et le 9.
Le nombre qui ne s'entend pas avec une émotivité 2 : le 2 !

L'ATTITUDE ET LES ESPOIRS DU NOMBRE INTÉRIEUR 3.

«Vous faites bien le galant, lisez-vous encore à livre ouvert ? C'était sa façon de parler pour dire : êtes-vous prêt à servir les dames ?» **Tallemant des Réaux. *Historiettes.***

Le goût des saveurs.
Bonjour, les enfants ! Me voici, enthousiaste, extraverti. Je cherche avant tout à m'exprimer, à partager les plaisirs, les activités, le mouvement. Bien que souvent timide en dépit des apparences, mon besoin de créativité et de popularité m'oblige à me monter sociable, aimable, boute-en-train, hôte de qualité. Je m'acquitte de cette tâche sans effort, optimiste de nature, représentant la joie et les appétits de la vie. Artiste en quête de beauté, je ne dédaigne ni le confort, ni même une forme d'apparat, mettant en œuvre toutes les ressources de mon imagination féconde au service des miens, famille ou amis. Mon indépendance, ma sensibilité réclament de l'action, la dépense physique, tout comme mes contacts amènent une tendance aux mondanités. On n'est pas fait pour vivre seul, non ? Je prends la vie comme elle vient, par son bon côté, sans dépression ni abattement, digne émule d'Épicure. Je ne déteste pas plaire, séduire, flirter, sans être foncièrement infidèle. Je peux m'éparpiller un peu, manquer de concentration ou de patience, mais sachez que je ne demande jamais plus que ce que je peux obtenir. Je m'intéresse à tout, aime me divertir, profiter, donner et me donner du bon temps. Ma bonne humeur fréquente et mon sourire sont des rames dont je sais me servir. En revanche, je peux cacher des aspects susceptibles, autoritaires, sans parler d'un esprit critique assez vif, voire caustique ! Certains auront besoin de communiquer, d'autre se montreront plus sélectifs. Les

uns manqueront d'esprit de synthèse, les autres se montreront futés. Quelques-uns se laissent aller à la coquetterie, plus dilettantes que profonds, d'autres cèleront leur rancune sous un masque souriant. Au fond, ils veulent et la stabilité affective et préserver leur liberté. Mais le sexe ne répond pas toujours à mes attentes : l'acte sanitaire ne peut répondre qu'à un sentiment intense, même fugace. Il ne s'agit que d'un moment, agréable, savoureux, mais non essentiel ! Goulu ? Non. Plutôt gourmet !

Comment m'attirer ?
Je suis seul lorsque je le veux bien. De toutes les façons, je déprime rarement. Fréquemment entouré, le meilleur moyen d'attirer mon attention est de m'ignorer. Faites montre d'indifférence, de simple amitié, sans autre arrière-pensée... Proposez-moi de sortir pour nous amuser, mais assurez-moi que chacun conservera sa liberté pleine et entière au cas où... Autre solution, jouez les intouchables. Plus vous me résisterez, plus j'aurai envie d'obtenir vos faveurs. Cela va fouetter mon désir de conquête. Si vous manquez d'esprit ou d'entrain, si vous avouez de l'agoraphobie, ce sera peine perdue ! Le carré blanc n'intervient que si vous avez su me séduire et me faire languir. N'escomptez pas de romance, je suis simple, spontané, direct. On partage un bon moment, et on passe à autre chose. Ne m'ennuyez pas avec des souvenirs romantiques ou, pire, graveleux ! Il y a d'autres choses à déguster que le sexe, non ?

Comment me retenir ?
Avec une certaine patience, admettez que je puisse avoir besoin de prendre l'air. Pas de scène ou de reproches ! Ou alors, criez plus fort que moi ! C'est en respectant mon

indépendance, en acceptant quelques virées extérieures que vous pourrez me garder près de vous. Vous pouvez aussi agir de même, mais attention à cet engrenage dangereux. Le meilleur style de vie qui me convienne, c'est de vivre en copain. Ne devenez pas un bon fonctionnaire, amateur de routine. Je piafferai ! Si je m'ennuie, pleurez mais sachez que la faute ne vient que de vous. Au contraire, trouvez des idées nouvelles, des centres d'intérêt inédits, un but original. Appâté par sa curiosité, je partagerai bientôt votre idéal, et vous aurez gagné.

Me faire plaisir ?

Un grand voyage, des articles de sport, des vêtements à la mode bien coupés, un parfum, participer à une émission télévisée, m'offrir une œuvre d'art, m'acheter des monographies de stars ou d'artistes connus, me proposer une aide financière... *Qu'est-ce qu'on attend pour être heureux* de feu Ray Ventura ou une pièce d'Éric Satie.

Vous voulez me déplaire ?

Un livre allant contre mes idées, tel *Le Silence de la mer* de Vercors, ou le film *Le Silence est d'or* de René Clair. Programmez tout. Collez à mes basques. Enfermez-moi. Demandez-moi de me taire.

Le peintre André Derain avait un nombre Intérieur 3.

LES RAPPORTS INTIMES DU 3.

«Au fond de chapelles de mousseline
Pâle, ou jonquille à pois noirs,
Dans les soirs,
Feu d'artificeront envers vous mes sens encensoirs.» **Jules Laforgue. *Les Complaintes.***

INTÉRIEUR 3 et INTÉRIEUR 1.
Voir intérieur 1 et intérieur 3.

INTÉRIEUR 3 et INTÉRIEUR 2.
Voir intérieur 2 et intérieur 3.

INTÉRIEUR 3 et INTÉRIEUR 3.
Oh, ils peuvent s'amuser, profiter ensemble, échanger et jouir de la vie, mais pour combien de temps ? Si la première rencontre peut correspondre à une reconnaissance immédiate, ils auront tôt fait de se lasser. Ils iront voir ailleurs, après avoir jeté maintes étincelles, pétillé de concert. Leurs profils identiques amèneront en effet une agitation continuelle qui ne construira rien de bien durable. Il existerait bien une planche de salut, celle de transfigurer leurs sentiments au profit d'un amour universel. On peut craindre que cette solution ne leur échappe. Comment peut-on brûler la chandelle par les deux bouts et en même temps cimenter une relation ? Comment s'oublier quand on aime tant croquer dans la vie, comme une pomme, à pleines dents ?
Inconséquents l'un vis-à-vis de l'autre, éparpillés, insouciants, ils peuvent engendrer plus de différences que de réelle communion au long terme. Aucune structure solide ne saurait confirmer cette union.
C'est une relation vacillante, précaire, dispersée, dont les querelles ne sont pas absentes.

Il s'agit d'un rapport brûlant, qui consume et consomme, vite... Ils ont trop de bagout pour laisser l'autre s'exprimer. Bref, un véritable feu de paille.

INTÉRIEUR 3 et INTÉRIEUR 4.

L'un sourit, l'autre moins. Le 3 prend les choses à la légère, le 4 fronce les sourcils. Le premier échange, sort, s'exprime. Le second organise, travaille, s'efforce de bâtir. Vous allez dire que ces deux derniers points pourraient se compléter, la rigueur du 4 stabilisant la créativité du 3. C'est exact. Mais quid du domaine sentimental ? Des freins, un manque évident de similitudes. Conservatisme contre innovations. Éthique contre appétit de vivre.
Le juvénile va se heurter au vieux ronchon, du moins à ses yeux. Le 3 va passer pour quelqu'un de pénible, d'instable, de bruyant, fatigant à force de mouvements. Ou alors, si le 4 s'accroche, ce sera comme le lierre, et le 3 étouffera.
Ce rapprochement peut provoquer des blocages, des conflits, des litiges. C'est limitatif, peu communicatif, frustrant, et, au lieu de se comprendre et de se valoriser, ils vont se gêner et rester sur leurs positions lointaines.
On peut donc craindre des indices de retrait, de sensation de solitude et d'incompréhension.
Ne pariez pas, ou alors très peu !

INTÉRIEUR 3 et INTÉRIEUR 5.

Ils peuvent fort bien s'entendre dans les découvertes communes, les appétits respectifs ou conjugués, la curiosité mutuelle, le mouvement réciproque. Tout est propice, mais il y a aussi des risques d'excès de part et d'autre ou en commun, tant l'envie de vivre l'emporte. Cela reste néanmoins appréciable.

Le 3 décide sans tarder. Il a autant besoin de liberté que le 5. Il pétille et voit la vie en rose. De quoi trinquer à leur santé. Oui, mais, car il y a toujours un mais, encore faudrait-il qu'il ne se montre pas trop déraisonnable. Il existe pas mal de failles dans les raisonnements de l'un comme de l'autre. La dispersion ou les abus peuvent, à la longue, déteindre ou détruire, ce qui serait fort dommage pour eux deux.
En revanche, pour tout ce qui relève de l'adaptation facile, de l'amour des voyages, du renouvellement du style de vie, aucun problème ! Ils se dynamisent, s'énergétisent et savent donner libre cours à leurs ébats.
Deux sensibilités faites pour s'entretenir l'une l'autre, avec modération, si possible.
Allons, parlons de rapports savoureux.

INTÉRIEUR 3 et INTÉRIEUR 6.

Ils sont là pour se compléter, surtout s'ils partagent la même sensibilité artistique. L'amour se trouve au rendez-vous, la famille protégée. Échanges, harmonie, idéal, chaleur, ils ont tout à conjuguer.
Le 3 saura optimiser et dynamiser les relations. Il aime, lui aussi, mener une vie sociale animée. Il ne faudra pas qu'il exagère, car le 6 risque de perdre patience et de s'essouffler à vouloir suivre son partenaire.
Il n'en demeure pas moins que c'est le cas typique d'une entente affective potentiellement remarquable. L'amour se crée, il se témoigne, se partage, se réalise. Le toupet de l'un palliera les hésitations de l'autre. Avec audace et tendresse mêlées, avec passion et douceur, avec force et délicatesse, leurs échanges rimeront avec fusion.
Rapport humain, vibrant, sensible dans lequel il ne faudra pas oublier de célébrer la beauté du partenaire. On est

toujours beau dans les yeux de qui vous aime. Mais ça fait plaisir à entendre.
Ils sont pratiqauement faits l'un pour l'autre. Ce serait parfait, si la perfection appartenait à ce monde...

INTÉRIEUR 3 et INTÉRIEUR 7.
Peu de rapprochements, peu de communication, peu d'échanges entre ces deux types.
Le 7 peut être impressionné par l'énergie du 3 qui en devient fascinant, à des dizaines d'années-lumière de la réserve du premier. Oui, mais si le 3 attend des discours enflammés, des réponses à ses questions, alors là, rien ne va plus. Qui plus est, et dans ce cas de figure, le 3 peut éprouver des difficultés certaines à comprendre les émotions rentrées de l'autre. Il joue, pas le 7, pourtant passionné en secret.
L'affectif, et même le plan sexuel, ne paraissent pas se situer au même diapason.
Seule une amitié profonde se trouve favorisée, car les affinités morales, cérébrales l'emportent en demi-teintes sur les accords purement affectifs. Sinon, on constate l'opposition de l'extraversion et de l'introversion.
Équilibre mouvant, signe de vapeur motrice en cas d'accord intellectuel ou de bouillonnement sans pérennité s'il s'agit seulement d'élans cardiaques..
Ce rapport s'avère trop sélectif, fugitif, différent pour qu'on puisse l'encourager vraiment..

INTÉRIEUR 3 et INTÉRIEUR 8.
Voici un rapport à tendance nerveuse, sinon tendue... Ils s'entendent sur le plan pratique, mais que de heurts, que de crises, que d'affrontements possibles en ce qui concerne leurs relations privées ! En réalité, le plan affec-

tif est peu concerné dans ce cas précis. Au premier abord, la faconde du 3 peut séduire le 8. Mais, bientôt, les futilités, le côté "grande gueule" l'emporteront et inutile de croire que l'un ou l'autre cédera. Peine perdue.
Un couple 3/8 appelle la dualité, les heurts. Bien que, sur le plan horizontal, cela puisse se réaliser de manière passionnellement fougueuse. Mais reste-t-on couché constamment ?
Si le 3 offre une belle situation, il peut arriver que l'on trouve alors des mariages d'intérêt. Et le cœur, là dedans ?
On voit ici une propension à la tension nerveuse. Des idées en commun, oui, mais l'oubli de soi, où se trouve-t-il ? Le 8 possède, étouffe le 3 papillon.
L'ensemble reste sévère, rigide et sec la plupart du temps. Craignons l'électricité et les courts-circuits, et des rapports instables pour ne pas dire incompatibles..

INTÉRIEUR 3 et INTÉRIEUR 9.
Tout se dessine harmonieusement entre eux. C'est un accord profond, sincère, complémentaire, tout à fait bénéfique.
Ils savent se comprendre, s'entraider pour vaincre de concert épreuves et obstacles. Le couple formé connaîtra une certaine osmose, une grande complicité, une forte complémentarité et, souvent, plein de rebondissements.
Le 3 apporte une vision positive au 9 qui a tendance au pessimisme. Il insuffle énergie, confiance, vitalité. Le 9 amène le don de soi, la sensibilité, l'altruisme. Cela dans la vie quotidienne. Et sur le plan intime, demanderez-vous ?
Le 3 est spontané. Le 9 s'investit. Il faudra résister assez longtemps pour que le partenaire apprécie sa victoire (supposée). Il faudra ne pas lui faire sentir qu'on veut lui mettre le grappin dessus, simplement fusionner avec ten-

dresse. Une fois les premiers pas franchis, foin de passivité ou de chichis. Ils ne formeront plus qu'un.
Ils cheminent vers une progression commune. Quelle force en commun, à la condition de la canaliser avec pondération, surtout du côté du 3…
Qu'attendent-ils ? L'accord est à portée de cœur.

Les nombres qui se conjuguent favorablement avec une vivacité 3 : 1, 6, 9.
Le nombre qui s'allie facilement avec une vivacité 3 : le 5.
Le nombre qui s'accorde plus ou moins avec une vivacité 3 : le 2.
Les nombres qui se supportent difficilement avec une vivacité 3 : 3 et 7.
Les nombres qui ne s'entendent pas avec une vivacité 3 : les 4 et 8.

L'ATTITUDE ET LES ESPOIRS DU NOMBRE INTÉRIEUR 4.

«A quoi bon distiller mon cœur goutte à goutte dans ton incrédulité sans fond ?» **Victor Hugo.** ***Les Feuilles d'Automne.***

Faut pas rigoler !

Incrédule, le 4 ? Tu pourrais t'appeler Thomas !

Travail et récompense, méthode, respectabilité, construction, voilà ce que tu souhaites et désires mettre en œuvre. Tu recherches avant tout la stabilité, la régularité, le sérieux, pas l'aventure. Déterminé dans ses activités, tu exiges d'autrui d'être aussi discipliné, juste, précis, voire pointilleux que toi. Peu démonstratif en général, rigoureux, tu t'appuies volontiers sur les codes, principes et traditions, famille-patrie, en conservateur patient. Non dénué de magnétisme, tu aspires à la durabilité, sans grande innovation, témoignant parfois de rigidité ou d'exigences difficiles à satisfaire sinon à supporter. Constant, tu respectes la hiérarchie, détestes les futilités, la paresse ou l'hypocrisie. Un peu austère et lent, tu représentes le devoir et la conscience, avec un zeste de maniaquerie... Tu veux vivre de manière constructive. Tu réclames beaucoup d'affection sans toujours savoir témoigner de la tienne, par pudeur et austérité personnelle. Si tu aimes aussi l'ouvrage bien fait, du mieux possible, t'en tenir à tes décisions ou respecter ta parole, tu ne souhaites pas obtenir ce qui est refusé aux autres. Ni prétention, ni mensonges. Tu te montres responsable, fiable, honnête, droit, sincère, modeste, pratique, tenace. En revanche, tu devrais te méfier parfois de risques de rigidité, d'étroitesse d'esprit – ne serait-ce que par autoprotection –, de refoulement de tes sentiments, de la

peur de la nouveauté, et surtout, de te noyer dans les détails.
Mais derrière cette façade revêche ou ces réactions défensives, tu caches des trésors dont tu connais le prix, d'où tes précautions, car, quand tu donnes, c'est pour toujours. Regardons tes yeux, ils ne savent pas tricher.

Comment t'attirer ?
Ne vous faites pas remarquer. Rien ne t'est plus insupportable que l'extravagance. Tu ne distingues que les gens discrets. Ni bavard, ni tête en l'air, donnez-lui l'impression d'être une personne posée, calme, réfléchie. Si on arrive à vaincre ta réserve et à discuter un peu, montrez-lui que vous pensez logiquement, sans fioritures ni complications filandreuses. Tu aimes comme vous, n'est-ce pas les faits, les preuves. Les plaisirs fugaces, les conversations superficielles, les «on se téléphone et on se fait une bouffe» sans suite, tout cela, tu le rejettes. Valorisez les bienfaits d'une vie régulière, même si elle semble se figer – se protéger plutôt – dans des habitudes sécurisantes. Ne croyez pas dans la chance, mais dans le mérite. Faisons confiance à ta mémoire, tout ce qu'on t'aura offert se trouvera gravé à jamais.

Comment te retenir ?
Aucune désorganisation chez vous ou entre vous. Si tu peux compter sur votre parole, si vous vous révélez clair(e), sans entourloupe, si vous faites preuve du sens de l'économie, si vous paraissez modéré(e), pourquoi ne resterais-tu pas en votre compagnie ? Tu es sentimental, si, si, mais dans le cadre d'un certain rituel. Tu t'attaches ? Attachez-vous. Éliminez toute brutalité de votre comportement. Si tu mets du temps avant de te décider, ne piaf-

fez pas, au contraire. Fuyez le côté évaporé, allumeur. Donnez-lui l'impression de parfaitement savoir ce que vous voulez. Et vous verrez que, conquis par autant de qualités – supposées – mais mises à l'épreuve, tu laisseras tomber tes préventions, quitte même, parfois, à ce que tu oses faire les premiers pas comme une récompense méritée.

Te faire plaisir ?

Visez le pratique, ou de la musique classique, entre autre Bach, une encyclopédie, une bonne couverture en laine, une boîte à outils, un microscope, une montre, un meuble ancien, un lierre, un livre sur le jardinage, un chien, un parfum discret.

Vous voulez lui déplaire ?

Offrez-lui des sous-vêtements kitsch ou provocateurs, des articles d'une brève durée de vie ou emmenez-le à une soirée guindée et mondaine. Perdez votre temps. Soyez futile. Trompez-le.

Michel Bouquet a un nombre Intérieur 4.

LES RAPPORTS INTIMES DU 4.

«On peut faire de l'amour la chose la plus sage de sa vie ; Dieu qui a fait l'amour ne nous a pas interdit le discernement.» **George Sand. *Monsieur Sylvestre.***

INTÉRIEUR 4 et INTÉRIEUR 1.

Voir intérieur 1 et intérieur 4.

INTÉRIEUR 4 et INTÉRIEUR 2.

Voir intérieur 2 et intérieur 4.

INTÉRIEUR 4 et INTÉRIEUR 3.

Voir intérieur 3 et intérieur 4.

INTÉRIEUR 4 et INTÉRIEUR 4.

Trop entiers, trop absolus, trop butés, trop rigides pour ne pas engendrer de blocages !

La réserve et les inhibitions s'ajoutent. Si vous souhaitez vivre en vase clos, dans un local désinfecté avec un masque sur le visage, comme un célèbre "chanteur" américain, libre à vous, mais... Leur champ de vision se bornera à ses quatre murs, plus les quatre siens. Aucune infraction à redouter ! Ce seront statisme, inertie. Ils tourneront en rond, ou en carré, sans appel d'air de l'extérieur, donc sans possibilité d'évolution pour aucun d'entre eux. Ils deviendront à la fois geôliers et prisonniers, la porte close.

À trop vouloir construire solidement, on insiste sur les fondations en oubliant qu'il y aura aussi des pièces à vivre. Qui se fermera le premier ? Qui craquera d'abord ? Leurs qualités s'annihilent et leurs – petits - défauts s'amplifient. Les limitations, les restrictions, les contraintes l'emportent. Peu de communication et l'équilibre, l'éveil, sinon

l'épanouissement psychologique, disparaissent.
Attention à la facture ou même aux sanctions…
De quoi s'enterrer ! NON !

INTÉRIEUR 4 et INTÉRIEUR 5.

Ils ont peu à partager, l'un tirant à hue, vers l'indépendance et la liberté, l'autre à dia, vers la stabilité et la rigueur.
S'ils se rencontraient, et on peut le mettre en doute, ils ne sauraient entretenir de durables relations. Le 4 vise la stabilité, un peu statique, habitudinaire, sérieux, concentré. Le 5 peut difficilement rester en place, mouvant, instable, marginal. L'un paraîtra inconsistant ou frivole aux yeux de l'autre, alors qu'à l'inverse ce sera le côté casanier, lent ou rigide qui se heurtera aux désirs du partenaire. On a un pantouflard et un nomade.
Avec de tels besoins divergents, de telles appétences différentes, ils ne peuvent que se séparer au cas où ils auraient tenté de partager l'impartageable. Aucune véritable affection ne peut se créer. Chacun gênera l'autre. Manque de dialogue, conflits, tensions, doutes, cahots s'inscrivent au programme…
Du vent. Et s'ils allaient voir ailleurs ?

INTÉRIEUR 4 et INTÉRIEUR 6.

Ils sont faits pour se stabiliser, s'équilibrer, se compléter, se fortifier l'un l'autre. Ils s'entendent pour construire un foyer stable ensemble, bien à l'abri et sécurisant.
Le 4 apporte la tranquillité et la durabilité. Le 6 met dans sa dot sa capacité d'harmonie sentimentale. Il s'agit d'une très grande et rare complémentarité.
Quand leurs quêtes se conjuguent, visant une amélioration quotidienne, ils créent de concert un foyer calme, dans l'ordre et la clarté. Le 4 doit parler un peu au 6,

lequel a besoin de présence et de tendresse. Inversement, le 6 doit ménager son partenaire en ne l'obligeant pas à subir une vie sociale trop intense. Sinon, les attentions, les précautions prévaudront afin que l'élaboration progressive de leur couple se poursuive sans heurt.
Ils se renouvellent, retournant à l'unité ou la forgeant à force de réciprocité.
Ils se ventilent, se nettoient, à la condition évidente de concilier leurs besoins respectifs.
Très encourageant.

INTÉRIEUR 4 et INTÉRIEUR 7.
Il ne faut pas s'attendre à des débordements extérieurs, à des manifestations intempestives, mais l'accord promet d'être profond, solide. Le tout se situe sous le signe de la sagesse, du calme, de l'osmose intellectuelle. Le désir de stabilité les rapproche. Chacun apporte à l'autre ce qui lui est nécessaire.
Si l'on décèle ici une complémentarité évidente, rien ne sera pourtant facile. Il faut abattre le mur de prudence et de distance construit par un 7 inquiet. Il convient de rassurer le 4 par des faits, des actes. Le seul point noir consisterait dans le manque de dialogue, à moins qu'ils ne se devinent et communiquent dans des échanges tacites et profonds. Certes, il manque un peu de passion. Tout paraît sage, réfléchi, adulte, sans grande fantaisie. Mais l'amour est-il seulement explosions romantiques ou déchaînements physiques ? «Quand on n'a pas ce que l'on aime, il faut aimer ce que l'on a», dit-on. Et puis, au moins, ils s'acheminent tous deux vers un épanouissement intellectuel.
Oui, attention aux bouderies ou aux réactions vives, somme toute de petits incidents qui réveillent le rythme

d'un duo bien rangé.
Indice de fertilité, on peut prévoir une entente pudique mais solide à la longue.

INTÉRIEUR 4 et INTÉRIEUR 8.
S'ils partagent les mêmes objectifs matériels communs, cela devenir positif. Mais est-ce vraiment le but d'une entente affective ? Le 4 se montre trop possessif, trop lent, trop tatillon pour un 8 dynamique, entier, absolu, entier, sans demi-mesure. Et pourtant, ne sont-ils pas à la fois le double et la moitié ? L'organisation du 4, son sérieux, son ordre pourraient aider la réalisation du partenaire, plus fort et surtout moins patient. La circonspection de l'un, mise au service de l'autre, constitue un atout sérieux pour éviter les pièges et les artifices d'une vie superficielle.
Il faut néanmoins qu'ils trouvent entre eux des facteurs d'affectivité ou d'harmonie pour que le duo se concrétise et tienne.
Le 4 montre rarement sa jalousie. Il vise le solide. Le 8 exprime sa possessivité. Il veut tout. Le niveau horizontal peut également jouer un rôle positif. Qu'ils acceptent de révéler leur plaisir. Le 4 apprécie autant les apéritifs que le plat de consistance. Alors, ne soyez pas avare de caresses mutuelles.
L'épanouissement est douteux, bien que le temps arrive à cimenter ce genre de relation.
Ils peuvent connaître des sacrifices, avoir à consentir des efforts, des contraintes, dans un contexte lourd à porter s'ils ne lâchent pas de lest.
La tête contre les murs, pour les uns. Un écho sécuritaire pour les autres. Affectivement, restons prudents ! Mais pourquoi pas ?

INTÉRIEUR 4 et INTÉRIEUR 9.
Attention aux risques de blocages, de tension, de déchirements, au manque de souplesse, de rudesse et de compréhension. Ce peut être une stimulation épisodique, ou bien un écrasement du 9 et des blocages fréquents. Les idéaux divergent. L'affectif s'en trouve perturbé, déstabilisé.
Table rase pour aller reconstruire ailleurs ? Il faudrait que chacun accepte de modifier complètement sa psychologie ou son mode de vie. Or, ce reniement va à l'encontre du besoin de stabilité du 4 comme de la nécessité de partage propre au 9. Ce serait abjurer tout ce qui motive l'un et l'autre, tellement les différences paraissent importantes. Le 4 pense pratique, quotidien, alors que l'autre rêve de grands espaces et de fusion. Pudeur, réserve, encadrement contre idéal, ouverture, sensibilité. De plus, la rigueur des attitudes réactionnelles du 4 peuvent blesser l'hyperémotivité du 9. Trop carré pour un doux rêveur.
On peut le regretter, car la structure du 4 stabiliserait les errances parfois utopiques du partenaire. Mais cela exigerait trop de sacrifices et de reniements personnels.
Désolé, mais on ne saurait conseiller pareille association sentimentale.

Le nombre qui s'allie facilement avec la stabilité du 4 : 6.
Les nombres qui s'accordent plus ou moins avec la stabilité du 4 : 2, 7 et 8.
Le nombre qui se supporte difficilement avec la stabilité du 4 : le 1.
Les nombres qui ne s'entendent pas avec la stabilité du 4 : les 3, 4, 5 et 9.

L'ATTITUDE ET LES ESPOIRS DU NOMBRE INTÉRIEUR 5.

«Qui pourra mettre le mors à ses convoitises, comme on bride un cheval pour mieux le diriger ?» **Al-Bousiri. 1212-1296.**

Tout est permis.
Tu apparais tel un arc-en-ciel, irisé mais fugace. L'indépendance, la liberté d'action et l'originalité de pensée te sont indispensables, qu'on se le dise. Tu provoques le mouvement, les changements, recherchant la variété, les opportunités, les nouveautés et les expériences. Curieux de tout et de tous, anti-conventionnel, impulsif, tu as du mal à te fixer. Aventureux vorace, tu vas de l'avant, t'adaptes aux êtres et aux circonstances, comédien charmant, lucide sur son côté ludique, mais aussi instable. Trop de choses te sollicitent ! Accrocheur, risque-tout, nerveux et émotif, tu vas d'un but à l'autre, voyageant sans cesse au propre comme au figuré. Tu te sens attiré par l'inédit, l'inconnu, le bizarre, les sensations fortes, épicées et même fugaces, en ne supportant aucune chaîne ni aucun engagement au long terme. Tu représentes les sens, la mobilité. Sociable, tu communiques sans peine avec adresse et largeur d'esprit – on n'est jamais si bien servi que par soi-même... Tu souhaites connaître la vie sous tous ses aspects. Tu injectes un sang neuf à tout ce que tu touches, sans t'y attacher. En revanche, tu as tendance à peu assumer tes responsabilités, ou alors pas du tout. Tu détestes attendre ou brimer tes élans, ne te laissant freiner par aucune convention ni aucun avis, ne supportant ni la monotonie, ni la routine, ni même les détails. Tu es versatile, oui, mais aussi progressiste et

souvent spirituel. Tu sélectionnes vite, t'emballes, et changes tout aussi rapidement... Ta plus grande faiblesse réside dans une tendance à t'abandonner à tes pulsions, aux facilités sexuelles – et comme tu aimes ça ! –, ce qui induit une certaine irresponsabilité. Mais, tes qualités de souplesse, d'enthousiasme, ses ressources naturelles et son sens de l'évolution font de toi un personnage attachant, à ne pas attacher. Peut-on emprisonner un Arlequin ?

Comment t'attirer ?
Comme l'inconnu t'attire, si tu ne la ou le connais pas encore, laissez-le venir. Tu vois tout, observes tout. Moralité, le plus difficile sera de capter ton attention. Sensible à l'allure plus qu'à la beauté physique, il est toujours favorable d'éveiller ton insatiable curiosité. Vous avez deux façons de procéder : la première est de te ressembler, toujours en mouvement, l'air décontracté, fréquentant autant les solderies que les endroits inédits. La seconde est de parler. Parler de tout et de rien, apparemment au courant de l'actualité, du dernier film, des derniers potins, de vos appétits ou de vos sensations. En revanche, il ne faudrait pas t'ennuyer, surtout pas. N'insistez pas, tu pourrais voir en nous un(e) intrus(e) capable de te capturer. Ce serait plus à vous de changer qu'à toi qui te dis libéral et admets tout, à condition que cela t'amuse ou t'appâte.

Comment te retenir ?
Pas de romantisme ou de hâte. Tu prendrais peur. Soyez détendu(e), disert(e), décontracté(e). N'allez pas fouiller dans son jardin secret. En vous contrôlant, faites-lui comprendre l'effet que tu produis. Et ce sera pile ou face. Ou

votre attitude aura su te charmer, ou alors tu auras discerné un tout petit détail qui te déplaît. Le principal reste d'avoir aiguisé ta curiosité et de te laisser – peu de temps – sur ta faim. Si vous passez sur le plan horizontal, ne cherchez pas à l'épater. Non, faites valoir le droit à la différence. Montrez-vous original(e), aussi bien dans le style hussard que bête affamée qui conserve tout de même ses oreilles. Ne le surveillez pas – ouvertement. Ne critiquez pas son mode de vie. Acceptez les changements de dernière minute. Aucune jalousie exprimée. Le reste relève du charme et de l'intuition personnelle.

Te faire plaisir ?
Sortir, un baladeur, une télévision et un magnétoscope, un manuel de prestidigitation, des marionnettes, un beau voyage, un vêtement réversible, un bijou voyant mais de bon ton, un vélo d'appartement, des produits de toilette raffinés, un compte en Suisse, un article à la mode.

Vous voulez lui déplaire ?
Une chaîne, fût-elle en or, des pantoufles, un agenda, lui proposer un poste de fonctionnaire. Montrez-vous sédentaire, solitaire, inamovible, suspicieux.

Le romancier Patrick Modiano possède un nombre Intérieur 5.

LES RAPPORTS INTIMES DU 5.
«L'amour est un je ne sais quoi, qui vient de je ne sais où, et qui finit je ne sais comment.» **Mademoiselle de Scudéry. *Pensées.***

INTÉRIEUR 5 ET INTÉRIEUR 1.
Voir intérieur 1 et intérieur 5.

INTÉRIEUR 5 ET INTÉRIEUR 2.
Voir intérieur 2 et intérieur 5.

INTÉRIEUR 5 ET INTÉRIEUR 3.
Voir intérieur 3 et intérieur 5.

INTÉRIEUR 5 ET INTÉRIEUR 4.
Voir intérieur 4 et intérieur 5.

INTÉRIEUR 5 et INTÉRIEUR 5.
Que de ressemblances ! Le besoin de liberté, d'indépendance l'emporte et se conjugue. C'est en effet, c'est le seul cas où deux profils identiques peuvent s'accorder. Eux seuls savent et peuvent répondre aux besoins de l'autre. Sur la même longueur d'onde, ensemble, ils visiteront, goûteront, innoveront. Ce peut être un brasier intense, savoureux, épicé, mais potentiellement fugace. De fait, ils doivent vouloir partager, car si chacun allait de son côté, alors là, le duo ne durerait plus très longtemps. Ils sont faits de la même chair, de la même trempe, aptes à se comprendre vraiment. Leurs reflets s'additionnent.
C'est le domaine des impulsions, des envies respectives dans le meilleur des cas, de l'instabilité, voire des abus, à partager. Si tout se partage ou s'admet, pourquoi ne pas essayer ?
Le rapport se base sur des changements continuels, très

aérés, quitte à laisser passer les courants d'air, il est vrai. Mais aucune sclérose, aucun ennui, au contraire.
Fugitif ou non ? Si on souhaite s'amuser ensemble et ne pas s'endormir de concert, pourquoi pas ?

INTÉRIEUR 5 et INTÉRIEUR 6.
Il existe ici des risques de divergences dans les objectifs sensibles, les moyens mis en œuvre, les concessions ou leur manque, donc la provocation de conflits, d'hésitations, de tension et d'instabilité. Il peut même arriver que l'on cherche à s'abreuver ailleurs, histoire de se changer les idées...
N'oublions pas que le 5 est indépendant, mobile, actif, impulsif. Comme le 6, de son côté, réclame la sécurité, un affectif tendrement partagé, un amour fusionnel et romantique, il existe à l'évidence des distorsions négatives. L'aspect vif-argent attire en même temps qu'il déstabilise. Le remède serait de parler, de dialoguer afin d'éclaircir les situations sans s'étouffer ni s'ennuyer. Oui mais on pourrait dire au 5, comme Guitry : *«quand on vous voit, on vous aime. Et quand on vous aime, où vous voit-on ? »* Pendant ce temps-là, le 6 aménage son nid douillet...
Les remises en cause jouent un rôle capital.
Le rapport est mouvant. Question de fidélité... Ondoyant.

INTÉRIEUR 5 et INTÉRIEUR 7.
SI chacun respecte le besoin de liberté et d'indépendance de l'autre, on peut l'envisager. Mais, jusqu'où ne pas aller ? Où sont les limites à ne pas dépasser au détriment de l'autre ? Néanmoins, Si cet équilibre arrive à se trouver, une bonne évolution intellectuelle s'opère entre eux. L'aventurier saura-t-il comprendre et accepter l'introverti ? L'énergie et la vitalité du 5 peut fasciner un temps, essouffler à la longue. Ce dernier éprouvera les plus grandes dif-

ficultés à comprendre et les besoins et les émotions de son partenaire.
Leur besoin d'autonomie, leur sens de l'évolution, l'esprit de découverte les rapprochent, mais bien davantage dans le cadre d'une relation amicale proche, riche en appétit de connaissances, apte à évoluer dans le sens spirituel plus que charnel ou sentimental. Ils doivent apprendre à bien se connaître, et le 5 n'en a guère le temps.
Que d'efforts, de constance, de malaises et de sacrifices pour arriver à se régénérer ensemble !
Ou ils s'évaporent ou ils créent des nuages. La météo annonce un temps variable.

INTÉRIEUR 5 et INTÉRIEUR 8.
Il s'agit de deux fortes tendances, impulsives, entières, qui, Si elles restent disponibles et ouvertes, acceptant malgré tout quelques concessions..., pourraient s'entendre... L'accord demeure cependant risqué tant ils peuvent s'accepter ou se déchirer. D'où des risques de tension, de heurts, de violence même, remettant parfois l'union complètement en cause.
D'ailleurs, les sentiments sont-ils bien à leur place dans un semblable tandem ? On peut en douter. Mieux vaudrait envisager des rapports professionnels. Là, la prospection du 5 faciliterait la construction du 8. Quant à s'aimer... Mis à part certains moments passionnels, tel un mistral déchaîné, qui peut annoncer que l'un ou l'autre acceptera les différences ? Le 8, possessif, concevra très mal que le 5 puisse sortir hors de sa zone d'influence. Lequel prendra un malin plaisir à démonter les raisonnements terre-à-terre du partenaire. Quand on connaît les réactions et l'absolutisme du 8...

Ils laissent souvent présager un changement brutal, comme un coup de sirocco.
Catch as catch can ! Peu facile !

INTÉRIEUR 5 et INTÉRIEUR 9.
Les rapports peuvent s'harmoniser dans l'échange, la variété, les changements, l'ouverture sur le monde, hors de toute routine. Les rapports sont intenses, vibrants, mais environnés d'émotivité et de revirements parfois douloureux. Il faut absolument qu'ils aient un but en commun. C'est ce qui les motivera de concert. Maintenant, quand se trouveront-ils chez eux ? Deux nomades ensemble, oui, mais tellement différents dans leurs quêtes personnelles ! On peut parler d'amitié amoureuse, la meilleure solution pour ne pas se sevrer ni s'écorcher. En effet, le 5 a besoin de s'évader, de vivre SA liberté. Le 9 est un amoureux inquiet, altruiste et idéaliste au point de se faire gruger. S'il entoure trop son partenaire, celui-ci aura tendance à fuir. Attention également aux besoins sexuels du 5 et aux nécessités sensuelles et émotives du 9.
Mais ils peuvent s'acheminer ensemble vers de nouvelles perspectives, en menant une vie hors du commun et des habitudes, voyager, portés à la fois vers autrui et vers la connaissance.
Attention aux abus, aux pulsions irréfléchies, au goût du défi.
S'ils conservent le sens de la mesure et respectent leurs différences, rien à dire. L'aventure, c'est l'aventure. À deux, c'est encore mieux. Encourageant, mais avec réserve.

**Le nombre qui se conjugue favorablement avec l'indépendance du 5 : le 5.
Le nombre qui s'allie facilement avec l'indépendance du 5 : le 3.
Les nombres qui s'accordent plus ou moins avec l'indépendance du 5 : le 6 et le 9.
Les nombres qui se supportent difficilement avec l'indépendance du 5 : le 2 et le 7.
Les nombres qui ne s'entendent pas avec l'indépendance du 5 : les 1, 4 et 8.**

L'ATTITUDE ET LES ESPOIRS DU NOMBRE INTÉRIEUR 6.

«Beauté, mon cher souci, de qui l'âme incertaine,
A comme l'océan son flux et son reflux.» **Malherbe. *Stances.***

Tea for two.

«Un jour mon Prince viendra», chantait Blanche-Neige, encore une chanson... Il est vrai que tu apprécies fréquemment la musique. La recherche d'harmonie, d'équilibre affectif, le sens des responsabilités, surtout d'ordre domestique, la tranquillité d'esprit et du foyer caractérisent ta sensibilité qui tend vers l'amour et la paix. Attaché à tes racines, doux et affectueux, tu souhaites éviter les conflits, apaiser les divergences, remarquable médiateur, ami loyal, très bon conseiller. Tu désires œuvrer avec autrui, rarement seul. Pénétrant, tu espères être compris. Que de vœux pieux... Ta gentillesse et ton côté sympathique ne s'y opposent d'ailleurs pas. La maison, le couple te préoccupent plus que tout autre. Idéaliste, non dénué de bon sens, tu témoignes de qualités artistiques évidentes à cultiver. Si tu savais te montrer parfois moins buté, prendre de la distance par rapport à tes émotions et persévérer dans une direction choisie, cela faciliterait grandement ton existence. Un peu conventionnel, tout en restant ouvert, tu ne détestes pas les hommages, conscient de tes qualités d'écoute. Romantique, tu attends de la tendresse, des mots doux, des avances quitte à être délicieusement choqué... Mettez de la beauté dans vos rapports avec lui. Tu joues parfois au personnage platonique. Ne me croyez pas ! Par ailleurs, que de qualités ! Prévenance, protection, charme, on ne regrette jamais de te rencontrer. En revanche, il faudrait que tu te méfies de

certaines tendances, à savoir la jalousie, la possessivité, voire une forme d'autoritarisme. Personne n'est parfait ! Dans tous les cas, *«c'est l'amour qui chante à la ronde»*, comme dans une opérette célèbre.

Comment t'attirer ?

Une fois la rencontre faite, dans des endroits à la mode ou lors d'un vernissage, dans un magasin de décoration intérieure ou un institut de beauté, soyez très modulé(e). Tout d'abord, tu es sensible à l'esthétique et à l'élégance, même morale, à la bonne éducation, chose qui se réduit comme peau de chagrin. Raison de plus. Parlez art ou politique. Tu hésites ? Adoptez une allure – modérément – farfelue. Claironnez que vous vous trouvez très bien seul(e). Tu seras amusé ou piqué au vif, prêt à relever le défi. Tu sais allumer, ne l'oublions pas, mais quant à passer aux actes... là il faudra te convaincre. En conséquence, faites preuve de sociabilité, saluez nombre de personnes – vous êtes connu(e) –, bref faites ce que tu n'oses pas faire toi-même, mais toujours avec bon goût. Ça ne marche toujours pas ? Partez. Oubliez-le. Ton esprit de contradiction fera le reste.

Comment te retenir ?

Avec courtoisie mais force. Tu hésites, tergiverses. Tu sais qu'une fois conquis, la raison te deviendra étrangère. Ne vous fiez pas à son sourire ou à ses remerciements émus, la guerre n'est pas gagnée. Un dîner en tête-à-tête a de grandes chances de te plaire. De peur de passer pour quelqu'un de coincé, peu à peu, tu laisseras tomber tes armes. Soyez patient(e), il faut t'apprivoiser. Une fois la conquête faite, manifestez-lui souvent votre tendresse, soyez attentionné(e), faites-lui de petits cadeaux, approuvez ses idées d'agencement de son ou votre intérieur. S'il vous arrivait un faux pas, la chair est faible, n'en dites rien. Ta jalousie pourrait devenir cyclonique, et puis tu n'as pas du tout envie de le savoir... Vous en serez récom-pensé(e) car tu t'avères particulièrement facile à vivre.

Te faire plaisir ?
Faites-lui surtout des cadeaux, ou de la musique romantique, une aquarelle, une écharpe de soie, un ouvrage de philosophie, un chat, son portrait, une alliance en or blanc, une robe de chambre ou un déshabillé léger, un cœur gravé avec la fameuse phrase de Rosemonde Gérard : *«Je t'aime aujourd'hui plus qu'hier et bien moins que demain»...*

Vous voulez lui déplaire ?
Proposez-lui une boîte à rythme. Choisissez un mobilier en formica. Mettez un affreux nain de jardin chez vous. Explosez, criez. Fuyez les responsabilités. Critiquez son goût.

L'égérie et "victime" de Rodin, Camille Claudel, avait un nombre Intérieur 6.

LES RAPPORTS INTIMES DU 6.
«L'amour est éternel tant qu'il dure.» **Henri de Régnier.** ***Lui ou les Femmes et l'amour.***

INTÉRIEUR 6 ET INTÉRIEUR 1.
Voir intérieur 1 et intérieur 6.

INTÉRIEUR 6 ET INTÉRIEUR 2.
Voir intérieur 2 et intérieur 6.

INTÉRIEUR 6 ET INTÉRIEUR 3.
Voir intérieur 3 et intérieur 6.

INTÉRIEUR 6 ET INTÉRIEUR 4.
Voir intérieur 4 et intérieur 6.

INTÉRIEUR 6 ET INTÉRIEUR 5.
Voir intérieur 5 et intérieur 6.

INTÉRIEUR 6 et INTÉRIEUR 6.
À force d'être identiques, ils peuvent s'écraser, s'oppresser et devenir une charge l'un pour l'autre. Affectivement, ils sont tout sucre et tout miel, un peu fades ou gâteux, pesant souvent le pour et le contre, rarement énergiques ou actifs. Les relations deviennent pesantes. Chacun attend, exige, manquant de souplesse, de compréhension, de tolérance. La paille empêche de voir la poutre. Des rivalités s'instaurent. Le foyer, épicentre de l'équilibre du couple, devient instable, fragile. Les conflits peuvent déchirer au lieu de l'osmose affective tant souhaitée. Cependant, rassurez-vous, les heurts éventuels seront verbaux ou alors avec la tige d'une rose…
Ce doublage ne fait qu'amplifier la surcharge émotive, au détriment de toute logique ou raison. On ne saurait donc parier sur la pérennité d'un pareil duo, sauf si les protagonistes changent leurs relations en une amitié à tendance professionnelle, essentiellement vouée aux arts ou à l'esthétique.
On peut craindre des épreuves à l'horizon, pour cause de trop de ressemblances.
Hélas, il s'agit d'un tandem parallèle, rarement sécant.

INTÉRIEUR 6 et INTÉRIEUR 7.
L'accord reste possible. Ils doivent mettre en commun la conciliation propre au 6 avec la réflexion spécifique du 7. Leur relation peut alors s'en trouver renforcée, à la condi-

tion que leur perfectionnisme ne s'exacerbe pas, que leurs exigences s'assouplissent un peu mutuellement. Il faudrait également qu'ils aient en commun une quête spirituelle ou une ouverture intellectuelle. Ce serait superbe ! Il s'agit d'un conditionnel...
Autant le 7 peut équilibrer son partenaire, autant son laconisme peut engendrer des quiproquos. Il est avant tout intellectuel, l'autre, affectif. Aïe.
Comme ils ne brillent guère ni par leur activité, ni leur détermination, ils risquent de perdre leur temps à se morfondre, ne sachant quelle décision prendre. La passivité et les manques l'emporteraient.
Mais que de bouquets en perspective, en attendant mieux...
Ils peuvent amorcer ensemble une transformation radicale, opérant un redémarrage sur de nouvelles bases, bien qu'entre eux deux, ça balance ou hésite.
Feu orange. Difficile mais possible, à demi-mot.

INTÉRIEUR 6 et INTÉRIEUR 8.
Que de tempêtes, d'ouragans, de conflits, de tensions en vue ! Ils sont plus faits pour œuvrer ensemble que pour partager des sentiments constructifs et durables. Cette configuration peut néanmoins trouver un aboutissement quand on envisage un mariage de raison où la situation financière jouerait un rôle... Alors, le 8 rendrait le 6 plus pratique, plus constructif. Le 6 n'étant pas indifférent au paraître et à l'aisance... Le 8 sera attiré par le charme du 6, mais il se demandera longtemps ce que cache cette apparence. Une fois qu'il s'apercevra que l'autre ne peut répondre totalement à son besoin de passion, il ira voir ailleurs en claquant la porte.
En présence se trouvent un 6 romanesque et un 8 pas-

sionnel. Le premier attend des cordes, il tombe sur des cuivres. Certes, il peut être subjugué par la puissance de son partenaire, par son énergie, mais sa jalousie va peser comme une chape. Il faudra plier sans rompre. C'est éminemment fragile, et une séparation à terme est toujours envisageable.
Voyons ici un signal d'abus, d'erreurs, de risques à éviter, de nettoyage.
Si vous insistez, agitation et remue-ménage en vue...

INTÉRIEUR 6 et INTÉRIEUR 9.
C'est excellent, ouvert, chaleureux, sensible, vibrant, sentimental, bien que les doutes et des fluctuations puissent intervenir, surtout de la part du 9 émotif et inquiet...
Leur fragilité principale résidera dans une hyperémotivité commune et une instabilité émotionnelle respective. Le 9 reste un inquiet, un peu cyclothymique, prêt à tout remettre en cause même au prix d'une auto-flagellation ou d'une mutilation... De plus, cette union peut manquer un peu de fantaisie.
À part cette restriction, l'entente demeure très favorable, créative, tolérante et aussi artistique. Il faudra qu'ils vivent ensemble, respirent ensemble, l'éloignement leur étant fatal. Harpes et violons joueront sous leur balcon. À souhaiter qu'un coup de foudre extérieur n'intervienne pas et mette quelques épices dans leur duo suave mais alors en danger.
Ils engendrent la passion, le magnétisme, qui peut transcender grâce à une plus grande maîtrise de soi ou laisser libre cours à ses instincts.
Ils sont faits l'un pour l'autre, oui. Un peu fade, sirupeux, mais quoi, tous les goûts sont dans la nature !
Vibrato cantabile.

Les nombres qui se conjuguent favorablement avec l'affectif du 6 : 2 et 3.
Les nombres qui s'allient facilement avec l'affectif du 6 : 4 et 9.
Le nombre qui s'accorde plus ou moins avec l'affectif du 6 : le 5.
Le nombre qui se supporte difficilement avec l'affectif du 6 : le 7.@
Les nombres qui ne s'entendent pas avec l'affectif du 6 : les 1, 6 et 8.

L'ATTITUDE ET LES ESPOIRS DU NOMBRE INTÉRIEUR 7.

«Entre oui et non, il y a peut-être, et c'est le meilleur de l'amour.» **Saadi, vers 1184 - 1280.**

Les questionnements.

Ne le poussez pas dans les orties, ne le bousculez pas, le 7 doit s'apprivoiser. Encore faudrait-il avoir accès à son repaire...

Il s'agit d'un tempérament riche de silences, de réflexion, de méditation, de quête philosophique. Il déteste le bruit, la foule, les affaires et l'inattendu. Doté d'une vie intérieure intense, il sait utiliser son sens critique, son esprit d'analyse et d'observation pour tendre vers la sagesse, en recherchant les fondements du pourquoi existentiel. Secret, discret, taciturne, traditionaliste, souvent écologiste, navigateur solitaire, bizarre ou distrait, apparemment du moins, il mêle souvent intuition et autonomie. L'indépendance est sacrée chez lui. Il sait néanmoins se servir des autres pour parvenir à ses fins.

Ami sûr, confident rare, ce personnage extérieurement paisible passe son temps à observer. Observer le monde qui l'entoure, les gens qui passent, les réactions diverses, les bourgeons qui éclosent, les animaux qu'il aime beaucoup. Quand il lui arrive de parler, il utilise le mot juste, utilise la flèche qui pique. Il n'affirme jamais que ce dont il est certain, preuves à l'appui. Oh, il ne menace jamais, non. Mais il promet, avec une mémoire proche de la rancune tenace.

Toutefois, derrière cette sérénité affichée, il faut savoir qu'un volcan sommeille dont les éruptions privées peuvent surprendre. Il ne brille pas par des démonstrations intempestives, mais sait se montrer un amant dévoué et fidèle quand il aura percé les secrets de votre âme. C'est un penseur, un chercheur, un "mystique" en germe, un fanatique potentiel quelques rares fois. Raffiné mais pas du tout manuel, il tait ses réactions émotives, ce qui lui donne un aspect insaisissable. Il gagne à être connu, en profondeur.

Comment l'attirer ?

Étant dévoué par nature, désireux de se rendre utile, il est de bon ton de partager avec lui le sens de l'entraide ou du bénévolat. Sachez, comme lui, perdre votre temps en vous perdant dans la contemplation d'un spectacle, quel qu'il soit. Défense de l'environnement, préservation des espèces animales, lutte antipollution, voilà encore des terrains de chasse appropriés. Même s'il semble ne pas vous avoir remarqué(e), ne vous inquiétez pas, votre image est fixée sur la pellicule de sa mémoire. Il apprécie l'amabilité, quitte à se montrer un jour amical et un autre très distant. Vous tendez vos filets ? Voici des recettes éprouvées : avouez vos erreurs passées et cherchez à changer de vie – sentez-vous investi(e) d'une mission, mais complètement méconnu(e) – participez à une manifestation anti-nucléaire – faites partie de la S.P.A. – demandez-lui de vous prêter de l'argent. S'il ne mord pas à l'hameçon, c'est qu'il est irrécupérable !

Comment le retenir ?

Difficile, étant donné son côté capricieux ou imprévisible. Le 7 se dérobe, échappe à toute définition. Il esquive. Le meilleur moyen réside dans l'ambiance que vous allez créer. Un lieu isolé de préférence, au fond d'une forêt ou au bord de l'eau. Un feu de bois. Un certain exotisme. Lui offrir des vacances – il adore – dans un lieu célèbre pour ses amours tragiques. Mais ne lui donnez pas l'impression d'avoir tissé votre toile ! Invitez-le parmi d'autres personnes intéressantes, cultivées, originales. Ne parlez pas argent. Puis, soyez imaginatif(ve). Il ne saura, les prémices étant passées, résister à un côté lascif, entreprenant, voluptueux. Les interdits ou les transgressions ne sont pas faits pour lui déplaire... Si vous arrivez à le culpabiliser, c'est gagné ! Le goût du «fruit défendu.»

Lui faire plaisir ?
Une marine, un aquarium, du cachemire, une lunette astronomique, un livre d'exploration ou d'histoire, des draps fleuris, un voyage dans les îles, une maison au bord de la mer ou à la campagne, Debussy ou le *Requiem* de Fauré...

Vous voulez lui déplaire ?
Proposez-lui un puzzle ou un autre jeu de patience. Ou encore, traînez-le faire les magasins, demandez-lui de tenir les comptes. Faites du bruit. Péchez par matérialisme.

Le cinéaste Jean-Jacques Beineix a un nombre Intérieur 7.

LES RAPPORTS INTIMES DU 7.

«Où l'amour est le plus aveugle ; c'est quand le bandeau tombe des yeux.» **George Meredith. *L'Egoïste* (Gallimard).**

INTÉRIEUR 7 ET INTÉRIEUR 1.

Voir intérieur 1 et intérieur 7.

INTÉRIEUR 7 ET INTÉRIEUR 2.

Voir intérieur 2 et intérieur 7.

INTÉRIEUR 7 ET INTÉRIEUR 3.

Voir intérieur 3 et intérieur 7.

INTÉRIEUR 7 ET INTÉRIEUR 4.

Voir intérieur 4 et intérieur 7.

INTÉRIEUR 7 ET INTÉRIEUR 5.

Voir intérieur 5 et intérieur 7.

INTÉRIEUR 7 ET INTÉRIEUR 6.

Voir intérieur 6 et intérieur 7.

INTÉRIEUR 7 et INTÉRIEUR 7.

Seuls les objectifs cérébraux, intellectuels ou spirituels peuvent les rapprocher. Mettez-les ensemble à la Croix Rouge, chez Médecins du Monde ou aux Pèlerins d'Emmaüs et ce sera parfait.

Affectivement, on peut envisager des remises en question, peu de communication, de l'introversion, de la distance, de l'indépendance... Ils ne sauront que peu bouger ensemble, mais ruminer, ça, oui ! Tels des mimes, il communiqueront par gestes, avares de paroles, prudents à l'extrême. Un escargot se recroqueville très bien dans sa coquille. Ou alors, ils s'affronteront, chacun campant sur

ses positions. Quant au sexe, comment un jumeau pourrait-il réveiller et surprendre les sens ?
À cœur vaillant, rien d'impossible, dit-on. Or la vaillance n'est pas leur fort. Et puis leur calme de surface ne saurait tromper le partenaire qui verra immédiatement les tourbillons intérieurs dont il se sent lui-même animé. L'affection dans ce cas ? Improbable. Ou alors, chacun habite chez soi et respecte le jardin secret de l'autre. Quel partage !
Erreurs, incompréhension, marginalité... Non, seul le plan intellectuel, amical, peut convenir.
Attention au déluge qui pourrait couper la ligne téléphonique déjà si peu utilisée...

INTÉRIEUR 7 et INTÉRIEUR 8.
Cet aspect pourrait éventuellement s'avérer possible, mais il reste toujours des explosions ou des implosions, des crises violentes, des intransigeances en vue, signe de difficultés difficiles à pallier. Rien ne peut se réaliser, se développer, s'épanouir réellement.
Rare assemblage offre de telles potentialités de destruction ! Pensez, vous mettez en présence un personnage secret, peu loquace, cyclothymique, absolument pas doué pour les affaires, indépendant avec un autre absolu, entier, passionné et passionnel, pragmatique, concret, possessif et autoritaire. Ni les sentiments, ni les besoins, ni les réactions ne se trouvent sur le même diapason. Même pas de la musique atonale, une vraie cacophonie plutôt !
On peut rarement imaginer plus différents. Oh, les analyses et mises au point du 7 pourraient bien aider le 8 à concrétiser ses objectifs matériels. mais encore faudrait-il qu'ils se supportent, et puis, l'affectif, là dedans...
Ce serait donner libre cours à l'instinct, aux crises passionnelles.

Ils peuvent s'inonder, créant des avatars dommageables pour eux comme en eux.

INTÉRIEUR 7 et INTÉRIEUR 9.

Ils ont tout pour porter la bonne parole, transmettre leur savoir, entretenir des actions humanitaires et spirituelles. Ils s 'ouvrent sur le monde. Bravo !
Mais où se trouvent donc les sentiments qui forment un couple ? Beaucoup d'hyperémotivité, de questions sans réponse, de trouble. S'ils se transcendent, cela peut pourtant devenir remarquable. La solitude du 7 peut s'allier au côté ermite du 9. Mais ce sera bien tout. L'esprit, l'âme, l'indicible, l'ailleurs, l'idéal, tout cela relève de la vocation dans un ordre régulier plus que séculier, pas d'une relation où corps et âme doivent fusionner.
Sentimentalement ? Peu. Le besoin d'être rassuré sur les sentiments qu'on lui porte ne se verra guère encouragé, pauvre 9 ! Et le 7 ne comprendra pas pourquoi il faut parler alors que la télépathie existe... Quels silences ! Intellectuellement ou amicalement, les échanges s'opèrent davantage.
Pour un duo, ils s'acheminent vers une forme de bouleversement, une remise en cause totale.
Véritable machine à vapeur, qu'ils unissent leurs mentaux mais qu'ils ne se marient pas !

Le nombre qui s'allie facilement avec l'intériorisation du 7 : le 4.
Les nombres qui s'accordent plus ou moins avec l'intériorisation du 7 : 2 et 6.
Les nombres qui se supportent difficilement avec l'intériorisation du 7 : 1, 3, 5, 9.
Les nombres qui ne s'entendent pas avec l'intériorisation du 7 : les 7 et 8.

L'ATTITUDE ET LES ESPOIRS DU NOMBRE INTÉRIEUR 8.

«Le furieux orage dont me traverse la course, moi tremblant de passion.» **Walt Whitman. *Feuilles d'herbe.***

L'édification.
Tout ou rien. Puissant, ambitieux, le 8 est un grand travailleur, opiniâtre, constructif, fait pour acquérir et conquérir, surtout sur le plan matériel. Il recherche le pouvoir, la réussite concrète. Son sens de l'argent, de la justice, de l'organisation, de la direction, son talent pour convaincre font que cet être de confiance représente le courage, l'efficacité, la réalisation pratique. Assuré, hardi, original, il souhaite se réaliser. Secret pour certains, méconnu par d'autres, il aime rester le maître, absolutiste, entier, violent, passionné, généreux, enthousiaste.
Sur le plan sentimental, il se montre souvent excessif, déterminé, ne détestant pas relever les défis, l'emporter sur les oppositions, confiant dans son succès. Il est capable de réactions positives en cas de crise tout comme d'exploser... En cas d'urgence, il sera l'un des rares à conserver son sang-froid. Il insuffle de l'énergie, secoue l'apathie, renie la mollesse, déteste les faibles. Il ne se décourage jamais, renouvelant ses assauts jusqu'à la victoire. Une fois vainqueur, il décide que vous êtes sien(ne), sans réserve aucune. Il se montre aussi généreux, large, protecteur qu'autoritaire, jaloux, potentiellement brutal. Il préfère l'acte aux paroles. On refait le monde avec des mots... et il n'est pas dupe. Tout ou rien, oui ! Il donne ou reprend, il épaule ou enfonce, il protège ou rejette, il construit ou détruit, il rassure ou inquiète, il réchauffe ou brûle. La demi-mesure lui demeure presque étrangère. Il faut le prendre tel qu'il est. Incandescence et cendres, un

véritable Vésuve ! Il lui reste à apprendre la diplomatie, la mesure, la tolérance... Mais il a une grande qualité : avec lui, on sait où l'on va !

Comment l'attirer ?

Dans un premier temps, il est attiré par l'esthétique. Évidemment, conquérir la beauté, c'est flatteur ! Mais il ne tardera pas à exiger davantage, cherchant plus d'authenticité et d'intensité profonde. Sachez qu'il se sent et se veut différent, hors du commun. Alors, proposez-lui une image identique. Soyez original(e), faites-vous remarquer. N'hésitez pas à lui affirmer que sa différence évidente ne vous laisse pas de glace. Bien que non dupe, le 8 se mettra à roucouler. Ayez l'esprit de contradiction pour confirmer votre singularité, quitte à paraître décalé(e) par rapport à l'environnement. Faites comprendre que vous êtes attiré(e) par l'ésotérisme, les médecines douces, les vies antérieures, les expériences de N.D.E. et la réussite sociale, évidemment. S'il le faut, forcez sa porte avec force compliments. Il aime la franchise et vos assauts le flatteront.

Comment le retenir ?

Tenez compte de son impatience. Créez une atmosphère intime mais raffinée, car il apprécie l'aisance matérielle... Il va vous cuisiner. Tout va y passer, votre enfance, vos premiers émois, vos goûts, vos échecs, vos réussites, vos espoirs. Puis, voyez grand. Un tableau mesquin n'a guère de chance de le retenir. Sachez l'écouter ensuite. Et le diapason fera son ouvrage. Adepte de l'idée qu'on ne doit pas remettre à plus tard ce qu'on peut faire le jour même, attendez-vous à des échanges passionnés. Résistez, un petit peu. Foin de discours ou de bouquets de fleurs, ne mettez ni freins ni limites. Dites-vous que le tourbillon charnel est pour lui un moyen de tendre vers l'absolu. Enfin, sachez satisfaire quelques petits fantasmes en vous montrant un peu soumis(e). C'est normal, avec lui !

Lui faire plaisir ?

Des livres (suspense, policiers, fantastique...), des jumelles, une moto, un chien de garde, un bijou original sinon étrange, un canapé en cuir, une île déserte, augmenter le patrimoine, habiter un grand et bel appartement, un opéra de Wagner, tout geste de prestige... Ou offrez-lui un bon d'achat qui lui permettra de choisir lui-même. Laissez-lui prendre les initiatives.

Vous voulez lui déplaire ?

Offrez-lui un Yorshire ou un Pékinois, les amoureux de Peynet, bref des mièvreries sans valeur marchande. Habillez-vous chez Tati. Minaudez. Soyez panier percé. Minimisez-le. Soyez étriqué.

Bâtisseur d'intrigues, l'auteur Agatha Christie avait un nombre Intérieur 8.

LES RAPPORTS INTIMES DU 8.

«L'amour est la seule passion qui se paie d'une monnaie qu'elle fabrique elle-même.» **Stendhal. *De l'amour.***

INTÉRIEUR 8 ET INTÉRIEUR 1.

Voir intérieur 1 et intérieur 8.

INTÉRIEUR 8 ET INTÉRIEUR 2.

Voir intérieur 2 et intérieur 8.

INTÉRIEUR 8 ET INTÉRIEUR 3.

Voir intérieur 3 et intérieur 8.

INTÉRIEUR 8 ET INTÉRIEUR 4.

Voir intérieur 4 et intérieur 8.

INTÉRIEUR 8 ET INTÉRIEUR 5.

Voir intérieur 5 et intérieur 8.

INTÉRIEUR 8 ET INTÉRIEUR 6.

Voir intérieur 6 et intérieur 8.

INTÉRIEUR 8 ET INTÉRIEUR 7.

Voir intérieur 7 et intérieur 8.

INTÉRIEUR 8 et INTÉRIEUR 8.

Il s'agit de deux fortes tendances, impulsives, entières, qui, si elles restent disponibles et ouvertes, acceptant malgré tout quelques concessions..., pourraient s'entendre. L'accord reste cependant très risqué, problématique, tant ils peuvent se reconnaître ou se déchirer. D'où des risques de tension tempétueuse, de conflits violents, de compétitivité remettant parfois l'union complètement en

question. Ces deux tempéraments monolithiques rivaliseront de crises d'autorité. Aucun repos, aucune trêve. Leur rivalité ignorera les capitulations ou la signature d'un traité de paix. Les limites se dépasseront, quitte à bouter le partenaire hors de son propre territoire. Les aspects violents, les relations tendues à base de rivalités ouvertes offrent la capacité de détruire, tout comme le duo pouvait construire, mais uniquement sur le plan matériel... Agressivité, provocations, défis, heurts, exigences ne font rien pour favoriser une union calme et sereine.
On fait table rase... Nettoyage par le vide, pour cause de surcharges.
À leurs risques et périls, entre Vésuve et Etna.

INTÉRIEUR 8 et INTÉRIEUR 9.
S'ils partagent ensemble des intérêts matériels, peut-être... Est-ce vraiment le terrain de prédilection pour un épanouissement sensible et affectif ? Ils pourraient pourtant s'enrichir, même moralement, et se prodiguer beaucoup, mais de loin, dans des rapports plus amicaux, plus pratiques que foncièrement sentimentaux ou amoureux.
L'idéalisme du 9 se sentira blessé par la quête puissante et concrète du 8. C'est le planeur avec le terre à terre. Eux aussi pourraient s'apporter, le 9 aidant à dépasser le matérialisme et le 8 arrivant à concrétiser les larges idées de l'autre. Or, on se trouve dans la tour de Babel, chacun parlant une langue inconnue de l'autre. Qui plus est, le 9, inquiet, hypersensible, attendant des mots tendres et rassérénants ne trouvera guère d'écho auprès du 8 impulsif, impatient, totalitaire, possessif et peu doué en ce qui concerne les déclarations d'amour.
Enfin, leurs générosités, différentes, risquent de s'annihiler.

Attention aux risques d'orgueil, d'indépendance qui peuvent provoquer des sanctions.
Des effets de lance-flammes. Mieux ne vaudrait pas.

Le nombre qui s'allie facilement avec l'absolutisme du 8 : le 4.
Les nombres qui s'accordent plus ou moins avec l'absolutisme du 8 : 2 et 6.
Les nombres qui se supportent difficilement avec l'absolutisme du 8 : 3, 5 et 7.
Les nombres qui ne s'entendent pas avec l'absolutisme du 8 : le 1, 8 et 9.

L'ATTITUDE ET LES ESPOIRS DU NOMBRE INTÉRIEUR 9

«L'idéal, le rêve, le prisme de l'impossible, voilà ce qui nous attend.
Pour vivre il faut aimer.» **Charles Cros.** ***Le coffret de santal.***

Je plane pour toi.
Il aime l'humanité, les autres, les siens, sans toujours savoir se protéger. Après vous, je vous en prie. Pétri d'humanité et d'amour, imaginatif, idéaliste, il s'agit d'un érudit, d'un être porté vers la connaissance, connaissance de soi et des autres. Il base sa vie sur l'expérience, visant la sagesse. Il souhaiterait faire profiter le monde de son acquis, quitte parfois à se sacrifier pour une cause qu'il estime digne. Médecins du Monde, les bidonvilles de Bogota, l'aide aux S.D.F, voilà son terrain d'action rêvé. Apte à transmettre, il tend vers la beauté, les arts, la philosophie. Hypersensible, il a cependant besoin d'être compris. Dans ce cas, il peut se révéler un excellent guide et conseiller, un confident de valeur, compréhensif, charitable, tolérant. Sinon, déçu ou grugé, il se referme, individualiste blessé dans ses illusions. Cet ermite a besoin d'échanges vrais et chaleureux. Il n'ira pas vers vous, mais allez vers lui. Il rayonne assez pour appeler les demandes d'aides ou de conseils judicieux, plus pour autrui que pour lui-même.
Aventureux, impulsif, crédule, téméraire, grand voyageur devant l'Éternel, il peut sombrer dans le découragement, la dépression ou même parfois la misanthropie s'il ne reçoit pas des miettes d'une estime vitale pour lui. C'est l'incorrigible type qui, à la suite d'une épreuve, dit avoir compris la leçon et *«fontaine, je ne boirai plus de ton eau»*.

Que fait-il ? Il change de fontaine ! Poète, esthète, la réalité matérielle lui reste étrangère. En revanche, les grandes causes, les sciences humaines, l'évolution de l'humanité le motivent
Il voudrait un amour personnel, tout en étant destiné à l'amour universel, ce qui le rend souvent écorché vif. Il tend à se fondre dans des sentiments proches de la symbiose avec passion, s'emballant ou se morfondant suivant les circonstances.

Comment l'attirer ?
Attaché aux valeurs morales ou humanitaires, il ne sait que donner. Son orgueil l'empêche de recevoir simplement. Alors, parlez œuvres de charité, voyages au long cours, recherches plus ou moins mystiques. Évitez les notions de racisme ou de discrimination. Il verra en vous une personne proche. N'encouragez ni sa résignation apparente, ni son détachement cyclique. Ne parlez pas sexe, mais bien plutôt amitié profonde. L'amour ? Il en rêve, mais ne voit souvent en lui que joies fausses, plaisirs fugaces. *«Plaisir d'amour ne dure qu'un moment, chagrin d'amour dure toute la vie"»* Son cœur va de pair avec un côté oblatif, quitte à s'effondrer quand on l'a trompé. Attention à son esprit caustique ! Pygmalion de près ou de loin, attisez sa curiosité. Mettez des gants dans vos compliments. Jouez la carte de la différence, sans préjugés ni attaches. *«Peace and love»* ? Oui. Il verra en vous l'opportunité de donner.

Comment le retenir ?
À la fois secret et limpide, il faut savoir saisir le moment propice. Batailleur et crédule à la fois, ouvrez large votre cœur. Adoptez un animal à la SPA. Ne montrez aucune

angoisse ni nervosité, il en a à revendre ! Promenez-vous, dialoguez sans oublier qu'une communion peut passer par des moments silencieux. Ne le bousculez jamais. Il tombera dans vos bras quand il sera mûr. Les hétaïres le font fuir. En revanche, entre innocence et maladresse, mêlez passion naïve, gestes spontanés. Respectez sa liberté, du moins de pensée, autant qu'il respectera la vôtre. Ne lui reprochez pas son désordre ni son flou artistique. Cela est sans importance à ses yeux. Mais sachez faire vibrer vos harpes de concert. Rassurez-le. Il sera tout à vous.

Lui faire plaisir ?

Vous avez le choix : un micro-ordinateur, un ma-gnétoscope, l'œuvre de Jules Verne, un voyage en avion, un télescope, un bijou simple et de bon goût, du Bach ou du Mozart, une armoire ancienne, une cheminée, des écrits sur la spiritualité.

Vous voulez lui déplaire ?

Cela peut aller du livre de cuisine, à l'embauche de domestiques jusqu'à une propension frivole. Montrez-vous égoïste, borné(e). Fermez votre porte. Confisquez-lui valises et rêves. Soyez brutal(e).

Le metteur en scène Roger Planchon possède un nombre Intérieur 9.

LES RAPPORTS INTIMES DU 9.
«L'amour n'est qu'une sensation dont nous avons fait un sentiment pour pouvoir l'avouer quand il vient et... recommencer quand il passe.» **Édouard Pailleron. *Almanach des lettres françaises et étrangères*, 1924.**

INTÉRIEUR 9 ET INTÉRIEUR 1.
Voir intérieur 1 et intérieur 9.

INTÉRIEUR 9 ET INTÉRIEUR 2.
Voir intérieur 2 et intérieur 9.

INTÉRIEUR 9 ET INTÉRIEUR 3.
Voir intérieur 3 et intérieur 9.

INTÉRIEUR 9 ET INTÉRIEUR 4.
Voir intérieur 4 et intérieur 9.

INTÉRIEUR 9 ET INTÉRIEUR 5.
Voir intérieur 5 et intérieur 9.

INTÉRIEUR 9 ET INTÉRIEUR 6.
Voir intérieur 6 et intérieur 9.

INTÉRIEUR 9 ET INTÉRIEUR 7.
Voir intérieur 7 et intérieur 9.

INTÉRIEUR 9 ET INTÉRIEUR 8.
Voir intérieur 8 et intérieur 9.

INTÉRIEUR 9 et INTÉRIEUR 9.
C'est presque du masochisme tant ils doivent apporter, aider, donner l'un à l'autre, recevoir l'un de l'autre.

L'hyperémotivité s'exacerbe, les épreuves s'amplifient, les écorchures s'ouvrent. Leurs tourments intérieurs s'amplifient. Au lieu de réconforter, de dynamiser ou d'épauler, en face de leur reflet, ils additionneront leurs problèmes. Les peines s'accuseront, rapports doulou-reux, remplis de désillusions et d'idéal déçu.
Autant ils peuvent se montrer attentionnés, délicats dans leurs rapports, autant leurs incertitudes peuvent corroder leur liaison. Leur besoin de donner évoque le tonneau des Danaïdes, trop n'étant pas même assez. Et, quand ils auront donné leurs chemises, s'ils attrapent une bronchopneumonie, la faute à qui ? Saint Martin, pas fou, n'avait donné que la moitié de son manteau. Ainsi, ils peuvent s'épuiser. Charité bien ordonnée commence par soi-même n'est pas encourager l'égoïsme, mais ne pas dilapider ce que l'on a à donner.
Toutefois, derrière l'immense sensibilité du 9 se cache un esprit téméraire aux réactions parfois vives. Il ne faudrait donc pas se fier à la sagesse patiente affichée. Le besoin d'absolu l'emporte, quitte à se blesser dans ses utopies chaleureuses.
Mirages, illusions. Les Canadair sont indispensables.
L'inaccessible étoile.

Le nombres qui se conjugue favorablement avec l'idéal du 9 : le 3.
Le nombre qui s'allie facilement avec l'idéal du 9 : le 6.
Les nombres qui s'accordent plus ou moins avec l'idéal du 9 : 1 et 5.
Les nombres qui se supportent difficilement avec l'idéal du 9 : 2 et 7.
Les nombres qui ne s'entendent pas avec l'idéal du 9 : les 4 et 9.

QUELQUES MODULATIONS
ou Les cases de la grille.

Peut-on moduler quelque peu ces différentes données ? Eh bien, oui.
Prenez le cas d'une personne à la sensibilité douce, participative et qui ne possède pas de lettre de valeur 2 (B, K et T) dans son identité. Dans l'expression ou la réalisation de ses rapports affectifs, il existera dès lors des difficultés ou des manques à pallier au niveau de ses relations avec autrui. À pallier, car l'évolution de l'individu permet d'améliorer l'inné, comme un bon vin qui vieillit.
Il est évident que, plus l'identité est longue, prénoms et nom compris, plus on a chance de garnir les cases.

De même, lorsque nous envisagerons le **Chemin de Vie** et l'**Année Personnelle**, un coup d'œil sur le contenu de la Grille pourra déceler les facilités ou les difficultés accordées à tel ou tel trajet ou concours de circonstances.

Envisageons les exemples offerts par l'étude la **Grille** comme autant de lampes-torche éclairant des zones plus ou moins inconnues.
Suivant sa situation, le nombre donne des indications sur la manière dont la personnalité se réalise. Il est toujours profitable de comparer ces modulations avec les diagnostics précédents, surtout celui du nombre Intérieur évidemment !

Le SOI. Je veux, je dirige, j'agis, j'entreprends, je brille sans m'embarrasser de détails.
Voyez comment se réalise l'ego dans les différentes cases, si le 1 correspond à l'un des nombres trouvés, ou combien de fois on trouve le A, le J et/ou le S dans la case réservée au nombre 1.

Le 1 dans la case 1.
Le 1, nombre de l'ego conforté par un nombre identique. Par conséquent, on aime décider seul, par indépendance, flash ou impulsion, voire se mettre en avant. D'où, parfois, des élans changeants. L'esprit vif, en alerte, se rapporte prioritairement à lui. Il y a ici une tendance à l'égocentrisme sinon à l'égoïsme. Quant à l'émotivité, elle existe mais se cache de manière à ne pas porter atteinte à l'image de marque du personnage.
Exemple : Virginia Woolf

Le 1 dans la case 2.
Il existe ici une prédominance du Yang, donc une tendance à une nature ou à des réactions dites "viriles", même chez une femme. Par-là même, on peut trouver soit une insuffisance, soit le rejet du côté androgyne chez l'homme. De toutes les façons, on souhaite imposer ses vues à l'autre.
Exemple : Michelangelo Antonioni.

Le 1 dans la case 3.
On s'exprime seul, en totale autonomie, et une seule chose à la fois. On pense toujours choisir le meilleur, et l'on peut posséder un léger côté ostentatoire. On mène les débats ou le dialogue. La nécessité de créer va de pair avec une indépendance qui peut friser l'agoraphobie.
Exemple : Vincent van Gogh.

Le 1 dans la case 4.
C'est ici une tendance au dogmatisme. On aime conserver, quitte à accumuler parfois, en se voulant le ou la seule responsable de ses propres structures. Pourtant, la méthode laisse parfois à désirer et l'on peut trouver aussi beaucoup de désordre. On n'est jamais l'épicentre de l'univers !
Exemple : René Descartes.

Le 1 dans la case 5.
Moi je... Je me suffis à moi-même et j'agis comme je veux. Ma liberté, mes décisions, priorité à l'ego, à l'égocentrisme pour le moins... Impulsions, rejet de toute discipline, esprit aventureux, c'est un choix. On verra bien ensuite !
Exemple : Ravi Shankar.

Le 1 dans la case 6.
Les responsabilités sont assumées seul, jamais partagées. C'est moi le "patron", le chef de famille. Il n'y a qu'un moyen d'être heureux : suivre mes conseils, sinon mon exemple. Mais je rêve d'absolu...
Exemple : Emile Zola.

Le 1 dans la case 7.
Il faut avoir confiance en soi et ne compter que sur soi, soi seul, personne d'autre. Il est également nécessaire et salutaire de trouver une foi, un axe de vie, qu'il soit spirituel, culturel, scientifique. Ah, l'osmose ! Oui, mais on pense symbiose... La recherche demeure personnelle.
Exemple : Sigmund Freud.

Le 1 dans la case 8.
On se maîtrise difficilement. On voudrait détenir le pouvoir à soi seul, tout faire soi-même, sans partager, quitte

à prendre ou assumer des responsabilités indésirées et indésirables. On manque de distance et d'impartialité. L'ambition est grande, basée sur la recherche du pouvoir personnel.
Exemple : Paul Cézanne.

Le 1 dans la case 9.
Charité bien ordonnée passe par soi-même... C'est l'image du philanthrope chez lequel l'ego n'est jamais exclu. On reste et on cherche à s'affirmer comme maître d'œuvre. Des difficultés à comprendre les réactions émotives des autres, différentes des siennes, conduisent souvent à un sentiment d'incompréhension. Portrait de l'individualiste.
Exemple : Jules Verne.

Le 1 absent.
Le problème essentiel relève de la réalisation de la personnalité. Indépendamment des autres cas de figure qui peuvent donner le change, on éprouve du mal à s'accepter ; à se reconnaître, à s'affirmer, du moins au début de l'existence. Il se peut que l'image du père soit mal vécue. Le caractère, par manque de confiance en soi, peut passer de l'explosion – autoprotectrice – à des phases d'influençabilité. L'égotisme prévaut souvent.
Exemple : Woopi Goldberg.

LE TOI. Je sens, j'assiste, je coopère, j'aide, je seconde, je reste tributaire de mes sentiments.
Voyez comment se réalise l'entente avec autrui dans les différentes cases, si le 2 correspond à l'un des nombres trouvés, ou combien de fois on trouve le B, le K et/ou le T dans la case réservée au nombre 2.

Le 2 dans la case 1.
La nature se révèle sensible. On éprouve une forte soif d'amour, de compréhension, de chaleur humaine. Une intuition, une hyper-réceptivité peuvent se développer, et l'écoute peut devenir influençable. Si l'on perçoit, si l'on pressent aisément, on apprend sans difficulté, naturellement. On possède le sens du partage, du charme, mais, en réalité et en secret, on manque souvent un peu de confiance en soi alors qu'on souhaite également le besoin d'être reconnu.
Exemple : Gérard Depardieu.

Le 2 dans la case 2.
La nature est douce, “féminine”. La sensibilité est éminemment réceptive. Souvent, dans ce cas, on s'entend mieux avec les femmes qu'avec ces brutes d'hommes. L'imagination règne. On est fait(e) pour écouter, secourir, seconder, concilier, et la compagnie d'autrui est nécessaire pour un bon épanouissement.
Exemple : Ray Bradbury.

Le 2 dans la case 3.
On éprouve le besoin de s'exprimer en partageant l'outil d'expression, de communiquer avec l'autre. On trouve fréquemment le sens du rythme, de la musique, de la danse, parfois de la poésie avec le don d'observation. La sensibilité est assez féminine. On aime profiter et faire

profiter, sans savoir réellement compter. La sensualité se développe. On amasse facilement les connaissances.
Exemple : Honoré de Balzac.

Le 2 dans la case 4.
Toi et moi, deux et deux... On possède le sens du partage équitable, rigoureux. C'est juste, net, sans bavure. On aime l'ordre, qu'il soit matériel ou cérébral, bien qu'un souffle puisse complètement bouleverser l'ordre des priorités. Cas idéal pour l'association professionnelle.
Exemple : Mikhaïl Gorbachev.

Le 2 dans la case 5.
La liberté se partage. Elle est faite pour s'entendre et s'accorder dans le cadre d'un duo, jamais seul(e). On se donne, on prend plus malaisément. Les sens sont parfois féminisés. Mais, si l'on sait très bien ce qu'on ne veut pas, sait-on ce que l'on veut ?
Exemple : Elizabeth Taylor.

Le 2 dans la case 6.
On aime partager les responsabilités. L'accord, l'entente sont primordiaux. Diplomatie, sociabilité, discrétion, sensibilité, finesse de perception et imagination tendent vers l'harmonie du couple, non sans une certaine faiblesse. On possède souvent un idéal féminin, d'où, maintes fois, l'importance du rôle de la mère pour un homme.
Exemple : Woody Allen.

Le 2 dans la case 7.
Sur un fond d'isolement partiel, on cherche à partager ses idées, sa foi ou sa recherche avec les autres, bien que cela ne soit pas forcément évident. On accumule aisément les

connaissances en tendant vers une forme de pensée philosophique. La musique est souvent une corde sensible. Il peut enfin et quelquefois exister une forme d'ambiguïté dans la réalisation sexuelle.
Exemple : Georg Friedrich Haendel.

Le 2 dans la case 8.
Le sens du partage, de la coopération, la quête de l'entente et de l'accord facilitent une meilleure maîtrise de l'équilibre entre les tendances Yin et Yang. Les sens matériel et pratique sont équilibrés. Enfin, un ange gardien semble veiller au cas où des difficultés financières apparaîtraient. Ce n'est pas une raison pour ne compter que sur lui !
Exemple : Johann Sebastian Bach.

Le 2 dans la case 9.
On aime partager avec le groupe, le clan, la cellule familiale, l'autre. On protège, on conseille (mieux qu'on ne pratique), mais quelle hyperémotivité ! Et quelle gentillesse, souvent trop naïve... C'est la générosité, l'écoute, l'altruisme.
Exemple : Norma Jean Baker, autrement dit Marilyn Monroe.

Le 2 absent.
On se veut chêne alors que le roseau..., dit le fabuliste. On reste autonome, individualiste. La diplomatie est un mot vide de sens ou de pratique réelle. Les réactions se teintent de colère potentielle. On éprouve des difficultés à collaborer, avec la solitude comme corollaire. Le refus de la sensibilité, des options univoques font parfois friser l'utopie.
Exemple : Charles de Gaulle.

L'EXPRESSION. Je crée, je profite des plaisirs de la vie, j'échange, je m'extravertis.
Voyez comment se réalise la communication dans les différentes cases, si le 3 correspond à l'un des nombres trouvés, ou combien de fois on trouve le C, le L et/ou le U dans la case réservée au nombre 3.

Le 3 dans la case 1.
On a besoin de créer, tout comme on apprécie la présence d'un public, d'un auditoire, afin d'être reconnu(e), apprécié(e) et qu'on parle de soi. Cette expression personnelle ne reste pas insensible aux compliments, mine de rien. On possède le sens de l'amitié. Il existe, dans ce cas, souvent un don pour l'écriture, le graphisme, l'image. On cherche à se réaliser, à s'affirmer, ouvert à tout ce qui relève de la communication.
Exemple : François Truffaut.

Le 3 dans la case 2.
Les relations amicales semblent primer. Souvent, pour une raison ou une autre, la relation affective devient amicale, plus durable et stable. On apprécie de pouvoir partager son enthousiasme. Les sorties sont assez peu appréciées mais la solitude pèse. On dénote également des talents artistiques à exploiter.
Exemple : Michelangelo Buonarotti, autrement dit Michel-Ange.

Le 3 dans la case 3.
On éprouve l'impérieux besoin de s'exprimer, que ce soit par le geste, la parole, l'écriture, le dessin, sinon les quatre à la fois. C'est le domaine de la créativité, du baroque, de la communication,de l'épicurisme, sans oublier l'esthétisme. Attention à la dispersion…
Exemple : Federico Fellini.

Le 3 dans la case 4.

La construction se fait presque ludique, moins stricte, pesante ou rigide que dans d'autres cas. Les amis et les relations affectives ont tendance à avoir plus d'importance que les règles établies, que l'on ne saurait néanmoins oublier. Cela allège la rigueur et facilité les échanges et les contacts avec l'extérieur se facilitent.

Exemple : Edouard Manet.

Le 3 dans la case 5.

On possède indéniablement un goût prononcé pour les plaisirs. On aime aussi partager avec ses amis ou ses relations, profiter allègrement et sans entraves de l'existence. On agit avec légèreté avec ses sens, mobiles, réceptifs, irisés. L'indépendance et la liberté de mouvement sont essentielles.

Exemple : Claude Monet.

Le 3 dans la case 6.

C'est une sorte de ménage à trois avec la femme, ou le mari, et les enfants qui ont autant d'importance que leurs parents. On aime rire mais aussi partager les responsabilités, dans un cadre esthétique. Le foyer est presque idéalisé. L'amour du beau l'emporte. Le dialogue est avant tout familial.

Exemple : Wolfgang Amadeus Mozart, un surnom, soit dit entre nous.

Le 3 dans la case 7.

L'amitié joue un rôle prépondérant dans la recherche intérieure. Elle aide à extérioriser sa pensée, à s'ouvrir à la communauté, bien que la réflexion et l'analyse demeurent au plus profond de l'être. La spiritualité ou la foi deviennent essentielles. Elle peut s'exprimer au moyen

d'une forme artistique. On peut s'enflammer et défendre une cause.
Exemple : George Gordon Byron.

Le 3 dans la case 8.
On partage avec les amis, mais pas avec les autres. Les copains d'abord ! On se maîtrise ou on désire réussir avec une certaine légèreté, non dénuée parfois d'un côté un peu ostentatoire. Mais il demeure le sens des réalités et le besoin de communiquer les bases d'une éthique humanisée.
Exemple : Friedrich Nietzsche.

Le 3 dans la case 9.
On est animé par un humanisme certain, une grande générosité, manifestés par le geste, la parole ou l'écriture, car le côté artiste est amplifié. L'idéal grandit en même temps que l'émotivité. On sait faire passer ses idées, parfois utopiques.
Exemple : Martin Luther King.

Le 3 absent.
Des principes, une certaine introversion, des tergiversations bloquent une libre communication. Le “carpe diem” pose problème. On devient plus rigide qu'optimiste, on refoule sa sensibilité, on souffre parfois d'un complexe qui fait que l'on éprouve de grandes difficultés à s'exprimer clairement. On voit le verre à moitié vide. Mais c'est également le signe d'une grande sélectivité dans les relations proches. C'est ici que l'on trouve les bavards comme les silencieux.
Exemple : George Washington.

LA DROITURE. Je construis, je m'efforce, je vérifie, je raisonne, j'assume.

Voyez comment se réalise l'endurance méthodique dans les différentes cases, si le 4 correspond à l'un des nombres trouvés, ou combien de fois on trouve le D, le M et/ou le V dans la case réservée au nombre 4.

Le 4 dans la case 1.
La personnalité est entière, directe, parfois trop... Tout est franc, loyal, carré, sûr, méthodique. On s'affirme par simple autodiscipline. On se révèle strict, exigeant. On peut concevoir, pratiquer, construire sans grand problème. L'engagement, le respect de la parole donnée, donne un profil déterminé. Entêté, on admet difficilement ses erreurs et on déteste se voir mésestimé.
Exemple : Hans Christian Andersen.

Le 4 dans la case 2.
Le rapport avec autrui s'établit sur des bases de justice, d'intégrité et d'équité. Le côté Yin est construit tel un carré. Tout doit être net, clair, ce qui ne facilite pas toujours l'entente si importante avec l'autre... Il faut apprendre la diplomatie, ou à ne pas trop dépendre des autres, conscient de sa vérité. La sensibilité porte parfois des épines, ne serait-ce que par auto-protection. La possessivité s'avère fréquemment importante.
Exemple: Stanley Kubrick.

Le 4 dans la case 3.
On peut avoir des difficultés pour coordonner sa pensée, maîtriser son mode d'expression, comme une tendance à trop parler, donc, par exemple, à commettre des gaffes...

Le volume, la matière, la forme et le sens tactile pourraient être un bon moyen de se réaliser, à la condition de canaliser ses énergies. Lorsque le dialogue s'instaure, il doit être sérieux.
Exemple : Charlie Chaplin.

Le 4 dans la case 4.
C'est le carré parfait. Tout est net, clair, presque fermé... Travail, dogmatisme, conservatisme, rigidité et blocages, enfermement, limitations menacent. Le souhait éventuel d'évasion se heurte souvent à des obstacles, telle la boule du billard sur bande. Au lieu de rassurer, ce cas de figure a plutôt tendance à emprisonner dans une boîte bien close par besoin d'encadrement.
Exemple : Amadeo Modigliani.

Le 4 dans la case 5.
On peut ressentir des blocages, des restrictions, parfois des complexes d'ordre sexuel, des difficultés au niveau de l'expression personnelle. On a envie et peur à la fois de la liberté offerte. On cherche à se protéger, en tombant soit dans les abus, comme quelqu'un qui aurait du temps à rattraper, soit dans un manque d'innovation, protégé par des principes. La démesure contredit ici le besoin de stabilité.
Exemple : Orson Welles.

Le 4 dans la case 6.
La vibration affective se durcit, du moins à l'extérieur. On a besoin de sécurité, de durabilité, de certitudes, de preuves. On peut fermer sa maison, avec une porte blindée, pour mieux conserver et se protéger. L'attitude risque de devenir hyper-conventionnelle. On peut tout donner, sans calculer, au risque de tout perdre. Le sens du devoir prime, le sens de la justice également.

Exemple : Maria Kalogeropoulos, plus connue sous le nom de Maria Callas.

Le 4 dans la case 7.

La recherche intérieure est intense, mais à tendance dogmatique. Elle se veut précise, solide, loyale, basée sur des faits, dans un cadre structuré. C'est la quête de l'absolu avec des problèmes de communication. Croire, oui croire, mais en qui ou en quoi de vrai ? Vous connaissez saint Thomas ?

Exemple : Katherine (Houghton) Hepburn.

Le 4 dans la case 8.

Ici, l'ensemble tend vers une organisation redoutablement efficace, précise, nette, sans bavure. Tout se construit. Tout se mérite. Tout se raisonne, avec, en ligne de mire, la concrétisation du pouvoir. Les objectifs se concrétisent. C'est blanc ou noir, tranché ou tranchant, tout ou rien.

Exemple : si vous en connaissez, quels excès possibles et quel amour du pouvoir !

Le 4 dans la case 9.

On aime aider, secourir, donner, transmettre, mais dans le cadre rêvé d'une organisation, personnelle ou non, très structurée, positive, efficace. Mais les contraintes, les limitations bloquent un peu. L'hyperémotivité s'en ressent douloureusement, mais toujours pudiquement au niveau verbal.

Exemple : Frédéric Chopin.

Le 4 absent.

Signe de velléité, d'intolérance, ce manque peut également indiquer une propension à la haine ou à la mesqui-

nerie, voire aux idées fixes. Absence d'ordre, de discipline, de rigueur profonde, d'assiduité, une fréquente mauvaise foi font ménage avec le rejet des contraintes. Dans ces conditions excessives, il ne faut pas s'étonner si la personne se crée ou subit maints blocages.
Exemple : Nicolas Copernic.

LE NOMADE. Je séduis, je découvre, je change, je bouge, je m'adapte.
Voyez comment se réalise la liberté personnelle dans les différentes cases, si le 5 correspond à l'un des nombres trouvés, ou combien de fois on trouve le E, le N et/ou le W dans la case réservée au nombre 5.

Le 5 dans la case 1.
C'est le règne-type de l'indépendance et de la liberté personnelle. L'importance des sens, du besoin de nouveauté, de changement, l'impatience même l'emportent souvent. Intuition, énergie et impulsions se mêlent. On peut déceler un côté "animal", instinctif, une perception rapide des êtres et des choses. Après moi, le déluge ? Ou «l'enfer, c'est les autres»...
Exemple : Jean-Paul Sartre.

Le 5 dans la case 2.
Les amitiés, les relations sont vitales, bien que les rapports soient très changeants, instables, lunatiques. Mais pas question de rester seul(e) ! Il existe ici une tendance à la soumission, au fatalisme, à une mouvance en même temps qu'au besoin d'accompagnement souvent crédule. D'où un côté félin, souple et sensuel qui attire plus qu'il ne rassure.
Exemple : Alexander Archibald Leach, devenu Cary Grant.

Le 5 dans la case 3.
L'expression se situe essentiellement au niveau des sens, avec un sensoriel libre et diversifié, une expression multiple. On veut découvrir, savourer, jouir, sans grand gardefou. L'éparpillement est un risque à éviter. Le théâtre attire souvent. Que de curiosité, que de sociabilité, et que de mouvance !
Exemple : Jules Amédée Barbey d'Aurevilly.

Le 5 dans la case 4.
On cherche à limiter l'instinct, sans y arriver toujours. On est tiraillé entre la stabilité et la mouvance, la concentration et l'éparpillement. Fin stratège, sociable né, on sait ce qu'on doit faire sans accorder une énorme importance aux moyens mis en œuvre pour obtenir gain de cause. Le changement attire et inquiète à la fois. C'est l'image du besoin de stabilité et du désir d'indépendance mêlés.
Exemple : Otto Edward Leopold von Bismarck.

Le 5 dans la case 5.
Pas de problème : l'homme instinctif par excellence. Toutes les expériences sont bonnes à tenter. Alors, on expérimente tout, on touche à tout, on innove souvent, on voyage par l'esprit ou physiquement beaucoup. Autonomie, changements, on fonce, on goûte, on change de registre, sans forcément posséder le sens des responsabilités, des engagements ou de la suite de ses actes. Le magnétisme peut se révéler très fort.
Exemple : Steven Spielberg.

Le 5 dans la case 6.
Dans ce cas, on semble n'attacher que peu d'importance à un endroit fixe. Il semble que l'on puisse très bien vivra dans une caravane (confortable). Mais cela ne gomme en rien la fidélité sexuelle au travers de l'épouse, dans le foyer, qui demeure plus que jamais essentiel. Le sentiment est prioritaire, mais jamais asexué. La vie est source de bonheur.
Exemple : Fiodor Dostoïevski.

Le 5 dans la case 7.

C'est le signe peu fréquent, d'un perfectionnisme mouvant, d'une quête perpétuelle, d'un côté idéaliste rarement satisfait. Et pour cause, «l'inaccessible étoile»... L'intuition, si elle n'est pas bloquée, peut se révéler importante, mais plus pour autrui que pour soi. Attention aux drogues, à commencer par l'herbe à Nicot... Mais quelle curiosité !

Exemple : je n'en connais qu'un, pardonnez-lui !

Le 5 dans la case 8.

Les sens sont maîtrisés, ou alors complètement déchaînés et destructeurs. C'est un feu qui réchauffe, embrase ou incendie. Néanmoins, le jugement peut rester bon, la perception affinée. En toutes les manières, on cherche à matérialiser ses idées.

Aucun exemple à ma connaissance...

Le 5 dans la case 9.

On s'implique physiquement, corps et âme, dans les œuvres humanitaires, charitables. On a l'amour des voyages, une forte attirance pour l'étranger (dans étranger, il y a étrange), pour découvrir, apprendre et retransmettre. On semble fait pour porter la bonne parole, pour partager le fruit de ses expériences, même si sa propre mouvance et son émotivité se contrôlent malaisément. Gare aux fuites dans les paradis... artificiels.

Exemple : Margarita Carmen Cansino, plus connue sous le nom de Rita Hayworth.

Le 5 absent.

Il s'agit d'un cas très rare. Il évoque une certaine intolérance, un net besoin de se marginaliser. On s'adapte mal

au monde extérieur. On peut éprouver des difficultés au niveau de la réalisation de sa libido. On a peur de la nouveauté, ce qui peut paradoxalement mener à des attitudes originales. On ferme son jardin secret à double tour. Cela n'empêche pas de prendre la fuite ou des tangentes comme, par exemple, privilégier des expériences destructurantes.
Exemple : Salvador Dali.

L'AFFECTIF. Je concilie, j'ajuste, j'assume, je quête l'harmonie, j'aime, je charme.
Voyez comment se réalisent la sensibilité et les sens des responsabilités dans les différentes cases, si le 6 correspond à l'un des nombres trouvés, ou combien de fois on trouve le F, le O et/ou le X dans la case réservée au nombre 6.

Le 6 dans la case 1.
On se veut responsable, le maître. On devient perfectionniste, idéaliste, se montrant un peu autoritaire, dominateur, sorte de tyran domestique en privé. On exige l'Amour avec un grand A, en s'estimant beaucoup... Mais on possède également un tempérament d'artiste (souvent le chant ou la musique, pratiqués ou non).
Exemple : Aristote Onassis.

Le 6 dans la case 2.
La quête d'harmonie, d'entente, d'équilibre, de paix avec l'autre prédomine et guide tout le comportement. La solitude est un piège à dépression. On dénote de l'idéalisme ainsi que des dons artistiques. C'est le domaine de l'élégance et du charme. Mais comment trouver l'harmonie et l'équilibre lorsqu'on dépend un peu trop d'autrui ?
Exemple rare, au point que je n'en connais pas.

Le 6 dans la case 3.
Ici, l'expression devient plus idéaliste, à tendance harmonique, avec le sens de la beauté et de l'esthétique en priorité. On tend vers le beau sans le traduire forcément. L'acuité du regard, le trait incisif, le sens de la vie sous tous ses aspects rend le personnage attachant. Mais les sollicitations rendent le choix malaisé. Comment résister à certaines tentations ?
Exemple : Henri de Toulouse-Lautrec.

Le 6 dans la case 4.
La priorité absolue est accordée au foyer, au couple, à l'amour, dans les règles, les responsabilités assumées, la dignité, les codes et la durabilité. Parfois un peu tatillon ou maniaque, on tend à vivre dans un univers agréable et coquet. On possède d'ailleurs souvent le goût pour embellir. Les sentiments sont droits, vrais, sincères, pérennes.
Exemple inconnu de mes services généraux.

Le 6 dans la case 5.
La sexualité peut se spiritualiser, les sens s'idéaliser. Si la libido est forte, elle ne saurait échapper à des approches ou des manifestations esthétiques car les dons artistiques se révèlent importants. La liberté, les changements, tellement appréciés, sont faits en réalité pour mener à l'harmonie, même par des chemins de traverse. Tout doit passer par le beau. À une condition : être et se sentir libre.
Exemple : Leonard Bernstein.

Le 6 dans la case 6.
L'amour de la famille, le sens des responsabilités, voire des obligations, de l'amour partagé, du confort domestique, est hyperdéveloppé. Le cœur et le beau vont de pair. Le sens artistique ne saurait manquer dans un tel cas de figure. Il faut néanmoins savoir apaiser son activité et ne pas trop en faire.
Exemple presque idéal, au point que l' on n'en trouve guère !

Le 6 dans la case 7.
C'est l'absolue recherche d'identité affective, du couple parfait, uni dans le calme, la communion esthétique et

l'osmose métaphysique. L'amour paisible, serein, alimenté par la recherche intérieure. La perfection est-elle de ce monde ?
Exemple pratiquement impossible.

Le 6 dans la case 8.
Ce serait l'exemple type des personnes possédant l'art et la manière, mais *inutile d'en chercher un exemple.*

Le 6 dans la case 9.
On rêve de beau, on tend vers un idéal constitué d'échanges, de saveurs, de partage et de don de soi. Cela donne un profil généreux, compréhensif, empli de compassion, dévoué. L'ensemble ne va pas sans réflexion. On vise la plénitude et la création d'un bonheur fraternel. La possibilité d'ouvrir des voies aux autres existe souvent.
Exemple : Pierre-Auguste Renoir.

Le 6 absent.
N'en déplaise aux personnes concernées, mais ce manque signale fréquemment une certaine tension ou nervosité, des angoisses alliées à de la possessivité, le sentiment d'être un éternel écorché vif. Parfois signe d'irresponsabilité, d'amoralité, l'absence appelle une certaine paresse et l'appel d'utopies difficiles à contrôler. Mais on doit, de gré ou de force, accepter et assumer les responsabilités et les situations, si écorchantes soient-elles. On accepte de la difficultés à accepter les choses et les êtres tels qu'ils sont. Cela conduit à de la sensiblerie ou mène au sens du sacrifice.
Exemple : Ingmar Bergman.

L'INTÉRIEUR. Je pense, je recherche, j'observe, j'analyse, je me protège, je réfléchis.
Voyez comment se réalisent les facultés mentales ou cérébrales dans les différentes cases, si le 7 correspond à l'un des nombres trouvés, ou combien de fois on trouve le G, le P et/ou le Y dans la case réservée au nombre 7.
Rarissimes sont des 7 dans les cases de la Grille.

Mais il y a le 7 dans la case 1.
La tendance est rationaliste, cérébrale, intériorisée. On veut perfectionner, sélectionner, avec des qualités de spécialiste, jamais d'amateur. On demande des preuves pour croire et admettre. On recherche la qualité avant tout, avec le sens de l'abstraction. Le passé ou l'histoire peuvent parfois attirer. Quand on a une idée dans la tête, rien à faire !
Jean (Alfred Villain) Marais.

Le 7 dans la case 5.
On cherche à cérébraliser les sens, à rationaliser les pulsions. On vit avec intensité mais réserve. Le mouvement incessant, instable, mobile, conduit à la quête intérieure avec, parfois, des troubles d'identité. Bref on se cherche presque toujours, en portant un masque serein. Tout ce qui relève de la méditation et de la relaxation est recommandé.
Exemple : Edda van Heenstra Hepburn Ruston, devenue Audrey Hepburn.

Le 7 dans la case 9.
L'humanisme est abstrait, à base de pensée, de philosophie, de métaphysique, de spiritualité. Animé par une

énorme sensibilité, c'est le reflet de la solitude des penseurs. On se sent poussé vers le large, en quête de découvertes et d'échanges. Que de questions ! Que d'idéal !
Exemple : Rainer Maria Rilke.

En revanche, on trouve souvent un 7 absent.
On se contente souvent de l'écume des jours, sans fouiller, sans voir et les tenants et les aboutissants. On fuit la discipline, même si on peut se montrer quelque peu autoritaire ou révolté. Il faut accepter le réel sans chercher à fuir. Sinon, doutes, turbulences, chimères, ambiguïtés, superficialité peuvent menacer l'équilibre intérieur. On trouve ici des tendances "fanatiques" ou un perfectionnisme accusé.
Exemple : Sarah Bernhardt. Il est vrai qu'il s'agit d'un pseudonyme.

LA FORCE. Je bâtis, je combats, j'entreprends, j'exige, je tranche, je possède.
Voyez comment se réalise l'action volontaire et pragmatique dans les différentes cases, si le 8 correspond à l'un des nombres trouvés, ou combien de fois on trouve le H, le Q et/ou le Z dans la case réservée au nombre 8.

Le 8 est trop important pour se trouver dans une case, bien que...

Le 8 dans la case 1.
C'est le super-ego, très puissant au niveau du pouvoir, de l'ambition, de la réussite personnelle. On vise la maîtrise, la grandeur, sans dédaigner ni la compétition ni les défis. Mais cet excès peut conduire sur les cimes ou dans les abîmes. Il demeure néanmoins la nécessité physique de commander, d'être le chef, en toute possessivité.
Exemple : Maria Casarès Quirogna in Corunna.

Le 8 dans la case 9, cas presque unique.
Un réalisme et un sens pratique rares chez le Neuf mènent à de grands organismes renommés, rentables, efficaces. De quoi n'est-on pas capable pour le mieux-être de l'humanité, soulager des misères, prendre en charge des amputés de la vie ? De tout, mais avec un extrémisme qui déchire plus qu'il ne fortifie l'intérieur de l'être.
Exemple : Maria de Lourdes Villiers Farrow, dite Mia Farrow.

Le 8 absent est beaucoup plus fréquent.
Cigale ou fourmi ? Trop ou pas assez ? L'équilibre matériel est fragile, très fragile... Ou on économise, quitte à deve-

nir ladre ou alors on dilapide en méprisant cet argent qui n'est rien mais sans lequel on ne peut pas faire grand-chose, hélas. Cela peut créer, sur le plan psychologique, des tendances intolérantes, violentes, rebelles, quand la vulnérabilité ou les maladresses ne l'emportent pas.
Exemple : Simone de Beauvoir.

L'ALTRUISME. Je rêve, je conseille, j'éclaire, je donne, je comprends en toute humanité.
Voyez comment se réalisent l'émotivité et l'idéal dans les différentes cases, si le 9 correspond à l'un des nombres trouvés, ou combien de fois on trouve le I et/ou le R dans la case réservée au nombre 9.

On ne trouve jamais autant de 9, sauf un cas exceptionnel :

Le 9 dans la case 5 !
La liberté est formée d'expériences, d'une curiosité de tous les instants qui pousse à découvrir le monde entier sous la plupart de ses aspects. On est doté d'une grande sociabilité, on se trouve sans frontière réelle, attiré par l'étranger et les grands horizons. Il faudra bien, un jour ou l'autre, déposer son bagage, faire le tri et se reposer...
Exemple : Henri Leon Gustave Bernstein, auteur dramatique.

Mais il y a des 9 absents.
Pour le moins signe d'égocentrisme, le personnage peut être difficile à supporter. Il joue d'un scepticisme profond, se plaît à ne pas comprendre les réactions émotives d'autrui, un peu sans foi, parfois sans loi. Son humeur varie, tantôt appelée par l'air du large, dévouée à l'excès, tantôt nécessitant des périodes de solitude, teintée de misanthropie. Cyclothymique, parfois névrosé, il oublie un peu trop que son nombril ne forme pas les bornes du monde.
Exemple : Jacques Yves Cousteau.

LES PARCOURS.

«Ne prenez pas la vie trop au sérieux : de toutes façons, vous n'en sortirez pas vivant» affirma Elbert Hubbard.
Dès notre naissance, nous recevons en héritage un tracé de vie auquel nous ne pouvons rien.
Est-ce à dire que tout est écrit à l'avance ? Non.
Des tendances, des périodes sont inscrites. Mais il nous appartient de choisir l'itinéraire, de négocier les virages comme il faut.
1 - Nous sommes semblables à un véhicule qu'il faut réviser de temps à autre. Partie de plaisir ou pas, l'opération régénère la machine.
2 - Ensuite, nous possédons une cylindrée qu'il faut adapter au circuit. À quoi servirait d'avoir une formule 1 si on doit sillonner de petites routes corses ? Ou pourra-t-on gagner les 24 heures du Mans si l'on se contente d'un moteur de 2 chevaux ?
3 - Enfin, nous sommes les conducteurs du dit véhicule. Le code de la route existe. Il nous appartient de le respecter afin de parcourir tout le trajet de la meilleure façon possible. On a le choix des trajets pour atteindre le but ultime. Suivrez-vous les balises rouges, jaunes ou vertes ? Baguenauderez-vous ou bien ferez-vous une marche forcée ?
Voilà ce que l'on appelle le «Chemin de Vie ».
Certes, il en existe qui, a priori, semblent se dérouler dans un cadre bucolique, et d'autres dans un cadre plus aride. Il y a des épines ? Chaussez des cuissardes. Sur terrain plat, vous pouvez porter des espadrilles. Cela concerne notre attitude personnelle.
Ensuite, il faut savoir profiter de ce que chaque circuit

offre ou implique. Et puis, s'adapter. Vous connaissez probablement de petites femmes, chétives, sèches, frêles comme un fétu de paille et qui relèvent les défis de l'existence avec un courage indomptable. D'un autre côté, il y a des montagnes de muscles, style King-Kong, des mastodontes que la moindre égratignure fait geindre et qui s'effondrent lamentablement. Vous m'en voyez navré.

Le parcours dépend en très grande partie de la manière dont on l'emprunte. La conséquence est que ce trajet influe partiellement sur le comportement et l'évolution de l'individu.

Il sort du contexte général de cet ouvrage d'évoquer les grandes Périodes, les Cycles, les Réalisations qui composent chaque trajet.

Ce que nous proposons ici constitue le climat global d'une existence.

LES PROXIMITÉS AVEC UNE EXISTENCE 1.

« – Vaut-il mieux être aimé qu'aimer ?
Il vaut mieux aimer ; ainsi, on peut choisir...» **Comtesse Clauzel, citée par Léon Treiche dans *Histoires diplomatiques*.**

La route nationale.

Un Chemin de Vie 1 implique la nécessité de s'affirmer, de se réaliser.

Comme le nombre l'indique, le voyageur est seul ou du moins doit s'assumer seul, en totale indépendance. Autonomie, autorité personnelle, ambition, confiance en ses capacités sont nécessaires.

Les décisions doivent se prendre de manière autonome, sans compter sur quiconque.

Le chemin peut mener haut et loin à travers un épanouissement personnel. On peut y trouver le succès, des ambitions réalisées. En tant que pionnier, de meneur, d'organisateur, on acquiert l'estime d'autrui, non sans oublier l'estime de soi.

La route est active, montante, parfois originale. Le volontaire s'y accomplit.

Mais, si l'on doute ou tergiverse, si l'égoïsme ou l'orgueil prévalent, si la dictature l'emporte, des épreuves interviennent souvent. Il est donné de repartir à zéro, et sur une ligne ascendante, si la leçon a été bien apprise.

La devise.

Si je veux, je peux. Encore faut-il ne pas minimiser ses capacités ni dépasser les limites...

Napoléon avait un Chemin de Vie 1. Pouviez-vous en douter ?

LES DIFFÉRENTS TRAJETS.

«Quand X... n'est pas de mon avis, ça m'afflige pour lui ; quand il est de mon avis, ça m'inquiète... pour moi.»
Aurélien Scholl (1833-1902).

CHEMIN DE VIE 1 et CHEMIN DE VIE 1.

Peut-on être deux vainqueurs sur une ligne d'arrivée ?
Électricité en vue. Certes, les objectifs se ressemblent, mais justement, il y a là comme un ver dans le fruit, une forte dualité pour cause d'indépendance respective.
Ce sera pousse-toi de là que je m'y mette. Mes priorités avant les tiennes. Et puis, c'est mon avis, et je le partage !
On ne peut être le premier que seul.
Qui commandera ? Que voilà une concurrence directe !
L'intensité risque de devenir plus destructrice que constructive.

CHEMIN DE VIE 1 et CHEMIN DE VIE 2.

Le lièvre et la tortue.
L'harmonisation demeure possible si le 1 trace le chemin et si le 2 suit, sauf des crises épisodiques pour remettre chacun à sa – juste – place. Si le 2 obéit, suit, se soumet sans renâcler, tout ira bien. Si le 1 n'abuse pas de sa position dominante, il pourra même aider l'autre à mieux gérer sa sensibilité. Le tout est qu'ils se respectent avec leurs différences.
Ensemble, ils peuvent fabriquer une sorte de vapeur locomotrice, créative, bien que la complémentarité puisse traverser quelques turbulences.

CHEMIN DE VIE 1 et CHEMIN DE VIE 3.

Un surcaburateur.

Il s'agit d'un rapport constructif, différent sur le plan du rythme de chacun, mais complémentaire quant aux actes. La quasi-perfection ! Mêlez les idées, la réalisation du 1 avec la créativité et l'expression du 3, et vous obtiendrez un tandem remarquable. Il vaudra même mieux laisser au 3 le rôle social et sociable. Il est certainement plus rusé, adaptable que son partenaire !

On peut espérer un accord, puisqu'ils dégagent une énergie évidente, à maîtriser cependant un peu.

Très dynamisant et favorable dans l'ensemble.

CHEMIN DE VIE 1 et CHEMIN DE VIE 4.

L'accélérateur et le frein.

Élans contre réflexion, dynamisme contre vérifications, l'ensemble paraît bien malaisé car trop désynchrone. Le 4 réclame du temps. Il veut vérifier, peser, soupeser. Et le 1 piaffe devant cette lenteur et ces restrictions dont il a horreur !

Si le courant semble instable, des réalisations communes restent toutefois possibles, car le 4 reste un exécutant de qualité.

Est-ce là bien le domaine puisque les rapprochements affectifs s'annoncent difficiles et les divergences accusées ?

CHEMIN DE VIE 1 et CHEMIN DE VIE 5.

Le grand rallye.

Que d'élans, que de vie, que de mouvement ! C'est énergique, enthousiaste, varié, mobile, fulgurant, dyna-mique, mais potentiellement fugace.

La curiosité, la mobilité, l'adaptabilité du 5 auront de quoi

satisfaire l'impatience du 1. D'un autre côté, les idées arrêtées et l'ambition du 1 impressionneront le 1.
Rien de statique. Les parcours apportent changements, opportunités de tous ordres.
Cet aspect demeure cependant très favorable, les deux éléments vitaux pouvant être excellents pour les deux routes.

CHEMIN DE VIE 1 et CHEMIN DE VIE 6.
Transmission souple.
Ce serait excellent si les réactions ne se différenciaient pas autant et si les besoins respectifs s'avéraient conciliables. Qui sera le maître, en réalité ? Le coq ou le renard ?
Comme souvent lorsqu'on rencontre un 6, ce sera selon : ou un accord ou des divergences aiguës. Il ne faut pas de concurrence entre eux, surtout pas ! Le 6 peut être assez responsable pour ne pas subir l'autorité du 1, qui devrait, au contraire, essayer de le soulager.
Mais, comme le dit 6 vise l'harmonie et sait concilier, alors, on peut parier à 50 – 50.
Les courants semblent a priori mobiles, remuants. Ils vont ou s'assoler ou s'incendier, au choix.

CHEMIN DE VIE 1 et CHEMIN DE VIE 7.
Où va-t-on ? Mais on y va !
À des allures et à des vitesses tellement différentes qu'on peut se poser des questions. Les ambiances et les événements paraissent trop dissemblables pour que le parcours ne soit pas problématique. L'amitié vraie serait tellement plus à sa place !
Bien sûr, le 7 peut endosser un imperméable, laisser passer les averses avec un calme apparent, supporter les débordements énergiques du 1. Celui-ci devra néanmoins accepter le mutisme du partenaire.

Le long terme risque d'en pâtir, et souvent de manière assez brutale.

CHEMIN DE VIE 1 et CHEMIN DE VIE 8.

La grosse cylindrée.

On a ici un parcours trépidant, actif, dynamique, mais dont les cadences peuvent provoquer des surchauffes lors d'un cheminement par-là même chaotique. Leurs énergies respectives devront se moduler.

On peut craindre des affrontements sauf s'il s'agit de finances. Et l'amour dans tout ça ?

Personne ne freinera l'autre. Attention aux excès de vitesse ! Seul un objectif matériel commun semble pouvoir les réunir. Mais le 1 se positionne en premier et le 8 recherche une forme de pouvoir. La rencontre des deux circuits risque d'être explosive.

Le duo pourra nettoyer de concert ou se durcir chacun de son côté.

CHEMIN DE VIE 1 et CHEMIN DE VIE 9.

Le tour du monde.

Voici deux chemins opposés, le 1 amorçant et le 9 concluant, mais, par conséquent complémentaires. Ils peuvent s'apporter beaucoup, se renouveler mutuellement. Oh, il peut bien y avoir quelques tensions de ci de là, mais les similitudes peuvent l'emporter avec plus de facilités que de risques.

Si le 1 accepte d'oublier un peu son nombril, de se mettre un peu au service de l'autre, et si le 9 arrive à accepter le 1 en le comprenant, au prix de quelques sacrifices, la discordance peut s'atténuer.

Il leur appartient de choisir l'accord ou la déchirure.

Les parcours convergents avec le chemin 1 : 3 et 5.
Le parcours harmonique avec le chemin 1 : 9.
Les parcours plus ou moins parallèles avec le chemin 1 : 2 et 6.
Les parcours chaotiques avec le chemin 1 : 7 et 8.
Les parcours divergents avec le chemin 1 : 1 et 4.

LES PROXIMITÉS AVEC UNE EXISTENCE 2.

"Les sensations aident le sentiment et une seule action fait plus que tous les discours." **Choderlos de Laclos. Les Liaisons dangereuses.**

L'itinéraire bis.

Le Chemin de Vie 2 implique un trajet sinueux. Sensibilité et sensations y sont reines, ce qui crée des rêves poétiques, une attirance pour la paix mais aussi des mirages. Bonté naturelle, humanité, générosité, quête d'affection, d'amitiés et d'amour partagés vont de pair avec le besoin vital d'être accompagné. Oui, mais par qui ? La route risque de devenir un peu dépendante, influençable, un rien bohème. On y trouve dévouement, service, patience, mais aussi susceptibilité et fragilité. Le besoin de coopérer et surtout la peur de la solitude provoquent instabilité, mouvance et dualité. Le chemin se réalise lentement, semé de relais, apparemment calme, bien que turbulent par instants, du moins à l'intérieur. Cette modeste route secondaire se déroule au milieu de virages. Il faut y cultiver la persévérance, le courage, en luttant contre l'indécision. À cette condition on y trouve équilibre et harmonie, avec leur cortège de bonheurs affectifs. Disponible, souvent inquiète, son empreinte s'emplit parfois de doutes et de dépression. L'imagination peut engendrer des chimères, provoquer des caprices. Chemin des éminences grises, des seconds indispensables, de ceux-là qui savent écouter et aider, il ne faudrait pas se dévouer pour n'importe qui ou n'importe quoi.

La devise.

Attention fragile ! Dites-le avec des fleurs…

Paul Verlaine, le poète, avait un Chemin de Vie 2.

LES DIFFÉRENTS TRAJETS.

"On ne comprend rien à la vie tant qu'on n'a pas compris que tout y est confusion." **Henry de Montherlant. Carnets (Gallimard).**

CHEMIN DE VIE 2 ET CHEMIN DE VIE 1.

Voir chemin de Vie 1 et chemin de Vie 2.

CHEMIN DE VIE 2 et CHEMIN DE VIE 2.

Tours et détours.

Il s'agit d'un croisement moyen, où le manque d'énergie va prédominer. Les mêmes sinuosités, les mêmes sensibilités du moment les rapprochent. Ce n'est certes pas un indice de force ou de solidité, bien que cette ressemblance puisse favoriser une compréhension mutuelle et répondre à des besoins réciproques.

Chacun attendra de son côté. Les rêves passifs et le besoin de compagnie se mêleront pour donner un mélange doux, facile, mais ô combien capricieux ou variable. Personne n'épaulera l'autre. Les circonstances les amèneront à subir plus qu'à réagir.

Attention aux risques d'inondation, si on omet les risques de noyade en commun…

CHEMIN DE VIE 2 et CHEMIN DE VIE 3.

Différence de cylindrée.

On peut se rencontrer, par un concours de circonstances, simplement, et se plaire, sans réellement se convenir. Plaisirs et joie de vivre se partagent. Le tout est de savoir si le cours des choses ne les entraînera pas chacun de son côté.

La route 2 fluctue, le chemin 3 fonce. Ce dernier peut entraîner l'autre, mais avec tous les risques de dispersion

inhérents à ce nombre. Autant son dynamisme optimiste tirera l'autre de sa somnolence, autant le poids à tirer lui semblera lourd.
Il s'agit de deux parcours chaotiques dans leurs rap-prochements, à l'accord mobile, changeant. Craignons des ondulations fluides. Rien de bien stable ni de définitif.

CHEMIN DE VIE 2 et CHEMIN DE VIE 4.
Pas d'excès de vitesse.
Bien ? Ces deux circuits peuvent fort bien se compléter et s'harmoniser, se sécuriser de concert. Oui, mais avec des efforts de part et d'autre.
Le trajet 4 implique sérieux, ordre, méthode, régularité, persévérance, rigueur, discipline, autant de qualités que la route 2 aurait tendance à oublier. Cet apport peut donc assurer et rassurer ce dernier. Lequel aura à cœur d'aider son compagnon de route. Cela peut se réaliser peu à peu, sans s'affoler, à force de bonne volonté et de souplesse, surtout de la part du 4 !
Ils peuvent se diriger vers un équilibre dans le temps, une union, déposant un limon fertile sur leurs rives. Très encourageant avec de la bonne volonté.

CHEMIN DE VIE 2 et CHEMIN DE VIE 5.
Un vent latéral.
Une forte sensualité les réunit mais dans le cadre d'une grande mouvance. Une route nomade, changeante, libre, et une autre sensible, attachée à sa paix et à l'entente sécurisante. Que pensez-vous qu'il puisse advenir ? Les trajets divergeront !
Liberté avant tout, indépendance obligatoire, transformations subies ou provoquées, clame le 5. Le 2 murmure : du calme. Reste un peu à la maison, près de moi. Et ses jéré-

miades comme le risque de se voir enchaîné vont transformer le chemin 5 en victoire au sprint !
Accord malaisé, fait de souffle et de vaguelettes. Les rapports s'annoncent difficiles, souvent éphémères.

CHEMIN DE VIE 2 et CHEMIN DE VIE 6.

Un voyage en bonne compagnie.

Ici, vibrent à l'unisson des sentiments harmonieux. Ces deux routes semblent destinées à se fondre entre elles. Tout peut se conjuguer dans un ensemble solide.
La vie provoque une rencontre où chacun se sent disponible, prêt à aimer avec tendresse. Cette latitude affective les rapprochent. Les événements les confortent dans leur désir d'union. Mus par les mêmes pulsions et les mêmes besoins, ils peuvent, ensemble, arriver à concrétiser un duo basé sur l'osmose affective. Ils prendront même soin de soigner le jardin de l'autre, en procédant à des arrosages bénéfiques.
C'est la possibilité d'une rencontre très favorable a priori.

CHEMIN DE VIE 2 et CHEMIN DE VIE 7.

Le myope et le muet.

Entre ces deux cours, il existe une grande fragilité affective.
Le désir de paix les réunit. L'allure, un peu lente, ne les sépare presque jamais. Le chemin 2 devra cependant comprendre et satisfaire le 7 laconique. L'un attend, l'autre réfléchit. Le 7 mesure ses manifestations affectives alors que le 2 attend chaleur et réconfort. L'un parle, aime recevoir, l'autre se tait, satisfait dans une solitude voulue. Ils vont vers une quête de sagesse, mais avec beaucoup d'introspection en commun, et donc de doutes et de remi-

ses en cause. Si les courants semblent avoir certaines ressemblances, ce qui facilite l'accord, il faut prêter attention aux besoins tacites de chacun.

CHEMIN DE VIE 2 et CHEMIN DE VIE 8.

La voiture de tête et la voiture suiveuse.

Voici un exemple de parcours totalement différents et pourtant excellents.

Complémentarité des rythmes, chacun apportant à l'autre ce qui peut lui être nécessaire. Au contact l'un de l'autre, ils trouvent souvent l'occasion de découvrir des aspects inattendus dans l'existence. Le 8, pragmatique, concret, un peu matérialiste, trouvera dans le 2 l'assistant rêvé. Ce dernier apporte une vibration sensible, une disponibilité attentive et des espérances délicates. Il secondera l'autre avec dévouement, pour autant que le 8 ne l'oppresse pas.

Il s'agit d'un indice de renouvellement et de fertilisation réciproque.

Très bon signe.

CHEMIN DE VIE 2 et CHEMIN DE VIE 9.

Destination inconnue.

Tension, nervosité, inquiétudes prévalent ici. La sensibilité, l'émotivité sont des partenaires constants de partenaires qui jouent la carte d'une compréhension profonde, mais aucun des deux ne fortifiera l'autre… C'est dommage !

Le parcours du 2 est attentiste, émotif. Celui du 9 vogue dans les airs, hypersensible. Leurs générosités respectives, les circonstances qui se présenteront à eux vont les mener vers des passages emplis de mirages magnifiques mais totalement hors de toute réalité.

Ce seront tantôt de gros bouillons, tantôt de chaudes larmes.

C'est plus malaisé que facile, contrairement aux apparences.

Le parcours convergent avec le chemin 2 : le 6.
Les parcours harmoniques avec le chemin 2 : 4 et 8.
Le parcours plus ou moins parallèle avec le chemin 2 : le 1.
Les parcours chaotiques avec le chemin 2 : 3, 5, 7 et 9.
Le parcours divergent avec le chemin 2 : le 2.

LES PROXIMITÉS AVEC UNE EXISTENCE 3.

"C'est en amour surtout que la façon de donner vaut mieux que ce qu'on donne." **Paul-Jean Toulet. Monsieur du Paur, homme public.**

Les relais gastronomiques.

Que voici, que voilà un joli périple ! Riant, gai, vivant, mais ô combien trompeur pour les imprudents, impatients ou superficiels qui créent leurs propres épreuves. Les escales de plaisirs n'empêchent pas le sort de frapper, contrariant le juste cours naturel de cette route a priori agréable. Le parcours réclame de l'ingéniosité, de la curiosité, tout en se méfiant des impulsions qui provoquent à la fois de grandes chances comme des revers inattendus. Il serait bénéfique d'éviter les coups de tête afin de ne pas fausser les promesses réelles de communication et de sociabilité. Si la persévérance, la droiture, la fidélité appartiennent au modus vivendi, alors l'ambition, les idées novatrices, l'originalité feront merveille. Cette existence est auréolée de générosité, d'extraversion, de relations et de sens artistique. Il faut essayer de taire ce léger complexe de supériorité sous-jacent pour trouver le juste équilibre et réussir sa vie, dans l'optimisme, l'épicurisme et la bonne humeur. Créative, parfois mondaine, elle a tendance à s'éparpiller dans la nature, courant plusieurs lièvres à la fois. Sans tomber dans les frivolités ou les mondanités, on doit ici profiter de la vie en s'exprimant. D'ailleurs, les voyageurs se remettent rapidement de leurs échecs !

La devise.

Amusons-nous ! On verra bien demain. On s'en sortira toujours !

Le créatif Victor Hugo avait un Chemin de Vie 3.

LES DIFFÉRENTS TRAJETS.
"Prendre la vie au sérieux burlesque." **Jules Renard. Journal.**

CHEMIN DE VIE 3 ET CHEMIN DE VIE 1.
Voir chemin de Vie 1 et chemin de Vie 3.

CHEMIN DE VIE 3 ET CHEMIN DE VIE 2.
Voir chemin de Vie 2 et chemin de Vie 3.

CHEMIN DE VIE 3 et CHEMIN DE VIE 3.
Week-end gastronomique.
Sous le signe des plaisirs, de la joie, que ne partageraient-ils-pas ? Tout cela est d'excellent augure. Ils ont les mêmes envies, les mêmes besoins, se comprennent instantanément. La pomme de la vie est assez grosse pour qu'ils puissent y croquer tous deux à pleines dents. Le courant de leurs existences apporte relations, expression, optimisme. Bref, ça pétille ! Il conviendrait toutefois de goûter, de savourer afin d'éviter toute forme d'indigestion.
Le seul problème reste la durée... Si l'un se disperse, l'autre aura tendance à s'éparpiller.
Rencontre attractive, agréable, chaleureuse, idéale... mais trop souvent fugace.

CHEMIN DE VIE 3 et CHEMIN DE VIE 4.
La voiture de course et le tortillard.
La confrontation de ces routes amène souvent des tiraillements. Des concessions deviennent nécessaires, pas forcément faciles. Les allures, les rythmes, les conditions sont presque diamétralement différentes, voire opposées, donc...

La vie 3 a besoin de bouger, d'échanger, de profiter, sans grand souci du lendemain. La 4, quant à elle, mesure les difficultés, réclame une discipline pénible pour l'autre. C'est l'insouciance contre le devoir. Ou Épicure contre "métro-boulot-dodo". Lutte inégale. Le 4 va craquer devant la légèreté du papillon.
Il existe là une réelle difficulté d'être ensemble, synchrones, et de se comprendre.

CHEMIN DE VIE 3 et CHEMIN DE VIE 5.
Attention aux excès de vitesse.
Voici un croisement de routes favorable, dans la variété. Le mouvement et les opportunités rapprochent ces deux trajets mobiles, curieux et adaptables.
La vie 3 ne s'endort jamais. Elle vit pleinement, appelle le mouvement et les échanges. La 5, elle, adore changer, sans bien toujours avoir conscience des suites de ses actes. Lorsqu'elles se rencontrent, rien ne peut freiner leur énergie conjuguée, si ce ne sont, parfois, des rappels à un peu plus d'ordre...
À eux deux, ces périples évoquent une sorte de soufflet de forge.
Ambiance encourageante, nomade et vivante.

CHEMIN DE VIE 3 et CHEMIN DE VIE 6.
Le conducteur et le co-pilote.
Deux fois trois... Harmonie à l'horizon. Rien à dire, si ce n'est que ces deux trajets semblent faits l'un pour l'autre, dans l'harmonisation et la complémentarité.
L'accomplissement s'opère souvent par la transfusion du dynamisme et de l'optimisme du 3, et par celle du 6 qui apporte conciliation, sens des responsabilités. Bien sûr, le premier pourra un peu déstabiliser l'autre, et le second

hésiter plus souvent qu'à son tour. Qu'importe, on ne vit qu'une fois. Profitons-en !
Le sens esthétique, la sociabilité font partie de la corbeille de mariage.
Ils s'avivent réciproquement. Excellent présage, mais souhaitons qu'ils ne finissent pas par s'éloigner tant les chefs d'intérêt se multiplient.

CHEMIN DE VIE 3 et CHEMIN DE VIE 7.

Circuits opposés.
Le jour et la nuit. Trop de différences en vérité. Le 3 s'exprime, le 7 se tait. Les rapprochements sont dès lors mouvants, épisodiques, tantôt enrichissants, tantôt distants.
Une route 3 savoure, profite, extériorise, pétille. La 7 se complaît dans une quête plus intérieure, dans une solitude voulue et régénératrice. Elle prend ses distances, surtout vis-à-vis de l'ogre bon enfant que représente l'autre trajet. Le premier devra patienter, et ce n'est pas son fort. Quant à l'autre, il verra tous ses dossiers emportés par un souffle désordonné.
Soumis à la loi des cycles, il auront de quoi bouillir ou alors s'éteindre.
Tendances changeantes et instables.

CHEMIN DE VIE 3 et CHEMIN DE VIE 8.

Conduite animée.
Ils peuvent se revigorer l'un l'autre, sous réserve qu'ils se tempèrent et atténuent leurs énergies respectives et quelque peu exclusives.
L'un, sociable, opportuniste, futé, vivant sait amener des projets au 8 qui doit alors les matérialiser. Au fond, on lui sert les occasions sur un plateau d'argent ! C'est une aide appréciable, d'autant plus que la route 3 aime les plaisirs

et la 8 en donner, d'une manière un peu exclusive il est vrai.
Sur un fond d'intuition, ils peuvent assoler leurs terres au lieu de les dévaster, s'ils savent se tempérer quelque peu. Bien avec originalité. Courants remuants, animés.

CHEMIN DE VIE 3 et CHEMIN DE VIE 9.

Le bon tandem.
Il existe ici la possibilité d'un accord complet. Il s'agit bien d'un concours de circonstances qui paraît très favorable, de conditions qui peuvent fort bien s'harmoniser. Tendances esthétiques en commun, confiance insufflée à l'autre, vision positive palliant les inquiétudes, ces chemins s'apportent beaucoup. Le 9 prend de la hauteur, voit loin, parfois trop par rapport au 3 plus créatif, expressif. L'ermite devra ouvrir sa porte et accepter de sortir de son antre pour autre chose qu'un voyage au long cours. Ils sont destinés à progresser ensemble.
Éléments similaires dont l'intensité se complète mais doit cependant s'atténuer un peu. Tablons sur de bons augures.

Les parcours convergents avec le chemin 3 :
les 1, 5, 6 et 9.
Le parcours plus ou moins parallèle avec
le chemin 3 : le 8.
Les parcours chaotiques avec le chemin 3 : 2 et 3.
Les parcours divergents avec le chemin 3 : 4 et 7.

LES PROXIMITÉS AVEC UNE EXISTENCE 4.

"La tête, le cœur font mille bêtises, les mains se trompent rarement." **Jean Anouilh. Ardèle ou la Marguerite.**

Le plus court chemin d'un point à un autre.

Il s'agit d'un tracé rectiligne, rigoureux, un peu uniforme mais progressif quand on y fait preuve de ténacité et de volonté. Sur cette route bien balisée, où toute infraction se paie sous forme de stricts rappels à l'ordre, il faut de la force de caractère, de la détermination, la maîtrise de soi. On doit assumer ses responsabilités et ses devoirs consciencieusement de manière à acquérir la stabilité, construire laborieusement et lentement, mériter par ses efforts. Pas de rêves, des actes et des faits ! Tout prend du temps. Tout se mérite. On coule des fondations à la sueur de son front, quelquefois un peu buté, mais cela permet d'avancer sur un terrain ferme. Point de paresse ni de superficialité. Afin de profiter du positif, on doit user d'organisation, d'ordre, de méthode, de logique, de raison, de minutie et d'économie. Ne rien laisser au hasard, terminer ce que l'on entreprend avec résolution et dignité sont des moyens adaptés pour recevoir des récompenses. En revanche, tout écart, tout excès appellent une sanction. La paranoïa pourrait même guetter au long du trajet. Chemin précis, appliqué, certes monotone, mais toujours méritant et payant à la longue. Les restrictions, les blocages, physiques ou non, sont des défis à relever. Si on veut, on peut !

La devise.

Ne me bousculez pas. Je veux de la durée.

Staline avait un Chemin de Vie 4. Sans commentaire.

LES DIFFÉRENTS TRAJETS.

"La vie est une chose grave. Il faut gravir." **Pierre Reverdy. En vrac (Editions du Rocher).**

CHEMIN DE VIE 4 ET CHEMIN DE VIE 1.

Voir chemin de Vie 1 et chemin de Vie 4.

CHEMIN DE VIE 4 ET CHEMIN DE VIE 2.

Voir chemin de Vie 2 et chemin de Vie 4.

CHEMIN DE VIE 4 ET CHEMIN DE VIE 3.

Voir chemin de Vie 3 et chemin de Vie 4.

CHEMIN DE VIE 4 et CHEMIN DE VIE 4.

Morne plaine.

Deux lignes droites, sans inflexions, plus sécantes que convergentes. Elles traversent les mêmes lenteurs, connaissent les mêmes limitations. Rien ne facilite vraiment un parcours en commun, qui peut s'avérer plus étriqué qu'épanouissant.

Les circonstances amènent les voyageurs à observer une telle discipline, avec une rigueur telle qu'ils ne seront guère disponibles pour les fredaines. Les priorités l'emporteront sur les facilités. L'ensemble austère et méritant laisse augurer de grandes difficultés en amour.

Ils toucheront peut-être des dividendes, plus souvent paieront des intérêts...

Dans ce climat aride et sec, on ne peut que trouver cette rencontre éventuelle très limitative.

CHEMIN DE VIE 4 et CHEMIN DE VIE 5.

Le jour et la nuit.

Les périples connaissent des rythmes différents, des allures divergentes. Rien ne semble aider la formation durable d'un périple en commun.
Nous avons une route posée, méticuleuse, lente, précise, attachée aux faits. L'autre, au contraire, remue, amorce, court à toute vitesse, change, vit sur ses pulsions. La conscience de l'une se confrontera avec l'inconséquence de l'autre.
Ils s'acheminent plus ou moins sûrement vers une conclusion, et dès le départ !
Les antagonismes seront malaisés à résoudre. Tensions, blocages, heurts de front sont à craindre..

CHEMIN DE VIE 4 et CHEMIN DE VIE 6.
Conduite sûre mais lente, ou l'inverse...
Ce rapport peut être facilité quand les objectifs convergent, lorsque les conditions se modulent, si l'équilibre se crée, à partir de compréhension et de concessions.
Le 6 a besoin de sécurité. Bien. Il offre des qualités de médiation ou de conciliation. Encore bien. De l'autre côté, le 4 offre une structure solide. Que demander de plus ? Si, une chose, plus de souplesse de la part du 4 et moins d'hésitations quant au 6.
Ils peuvent forger une construction commune, dans la durée, quitte à revoir leurs positions de départ.
Coup de balai qui nettoie ou évacue ? Au choix.
C'est possible, aux conditions énoncées plus haut.

CHEMIN DE VIE 4 et CHEMIN DE VIE 7.
Rien au hasard.
Bien dans l'ensemble, paraît-il, et même constructif.
C'est un cheminement mutuel mouvant fait de silences, d'exigences, de mises au point, de lenteur. Les difficultés inhérentes à ces parcours peuvent s'harmoniser, mais de manière plus cyclique que sereine.

Si le sérieux prédomine, bien que les échanges manquent un peu de liberté ou de communication, en évitant des attitudes butées ou boudeuses, ils éviteront les rapports de force.
Nuages de poussière ou un souffle libératoire.
Ambiance mouvante, instable, peu facile à conjuguer dans un premier temps. Mais le rodage accomplit des merveilles....

CHEMIN DE VIE 4 et CHEMIN DE VIE 8.
Les supplétifs.
Ces deux trajets appartiennent à la même famille, bien que leurs forces respectives restent différentes. C'est de bon augure pour forger, concrétiser, posséder et construire de concert.
Examens de conscience, remise à l'heure, épreuves nécessaires risquent de joncher le parcours commun. Mais il s'agit bien du double ou de la moitié, non ? Si le 4 ouvre sa porte en élargissant ses horizons et si le 8 ne bouscule pas son compagnon, la rencontre peut s'avérer positive.
Il convient de faire attention à ce que l'aspect matériel ne domine pas tout.
Néanmoins, cet aspect reste favorable de prime abord.

CHEMIN DE VIE 4 et CHEMIN DE VIE 9.
Vision de près ou vision de loin ?
Les visées, les parcours, les tracés n'appartiennent pas au même géomètre. Une loupe et une longue-vue ensemble, cela peut créer des troubles de vision.
Une fourmi et un albatros... cela promet un ensemble un peu sec.
Et pourtant, ce peut devenir ou tout l'un ou tout l'autre.
Ils peuvent s'apporter, se conforter, se complémentariser

et alors dessiner un accord sans limite, évolutif.
Plus de divergences que de similitudes dans la plupart des cas. Mais les différences ne sont-elles pas présentes pour devenir supplétives ?

Les parcours harmoniques avec le chemin 4 : 2 et 8.
Le parcours plus ou moins parallèle avec le chemin 4 : le 6.
Les parcours chaotiques avec le chemin 4 : 7 et 9.
Les parcours divergents avec le chemin 4 : 1, 3, 4 et 5.

LES PROXIMITÉS AVEC UNE EXISTENCE 5.

"La seule différence entre un caprice et une passion éternelle, c'est que le caprice peut durer." **Oscar Wilde. Le Portrait de Dorian Gray, II (1891).**

Les chemins buissonniers.

Chemin mouvant sur lequel on peut réussir avec une santé de fer et le goût de l'aventure. Les à-pics, les escarpements, les virages dessinent un tracé mouvementé menant haut et parfois... très bas... C'est l'itinéraire de l'aventurier épris de liberté, de variété, audacieux, curieux, découvreur, impulsif et quelque peu instable. La vie se colore mais les abus, de quelque nature qu'ils soient, peuvent entraîner des accidents. Cela n'empêche pas cette existence d'offrir plein d'imprévus, passionnante, nourrie de sensations physiques, de changements d'horizons ou de partenaires, de rencontres et des expériences multiples. Cependant, tout manque de stabilité ou de fermeté crée des moments de doutes ou de peines, car ce trajet apparemment nomade ne tolère ni approximation, ni médiocrité. On doit savoir s'adapter, tout en évitant dispersion et versatilité. Il faut essayer de dominer ses élans, ses sens. On surmonte les épreuves en calmant l'inconstance, en pratiquant le self-control et l'autocritique, tout en demeurant, on ne se refait pas, comédien et sociable. Quand on approfondit, lorsqu'on accepte de s'engager, si l'on observe une certaine hygiène de vie, alors l'évolution, l'invention s'ouvrent devant soi, à la condition de sélectionner, de trier et de se fixer peu à peu.

La devise.

Liberté, liberté chérie !

Jules Verne, le découvreur, avait un Chemin de Vie 5.

LES DIFFÉRENTS TRAJETS.
"On ne vit qu'une fois ! Et encore !" **Marcel Achard. Jean de la Lune.**

CHEMIN DE VIE 5 ET CHEMIN DE VIE 1.
Voir chemin de Vie 1 et chemin de Vie 5.

CHEMIN DE VIE 5 ET CHEMIN DE VIE 2.
Voir chemin de Vie 2 et chemin de Vie 5.

CHEMIN DE VIE 5 ET CHEMIN DE VIE 3.
Voir chemin de Vie 3 et chemin de Vie 5.

CHEMIN DE VIE 5 ET CHEMIN DE VIE 4.
Voir chemin de Vie 4 et chemin de Vie 5.

CHEMIN DE VIE 5 et CHEMIN DE VIE 5.
Le même itinéraire.
C'est le seul cas où l'accord entre deux trajets identiques laisse augurer d'un bon devenir en commun. Tout est synchrone, vivant, mobile.
Les tempéraments ou les événements prédisposent à un redémarrage, à l'évacuation des problèmes passés. Chaque trajet se sent disponible, apte à changer. Un nouvel horizon. Attention cependant à ne pas se lasser et à vouloir du neuf à tout prix au bout d'un certain temps, voilà tout. Superficialité et instabilité restent à surveiller.
Le même nomadisme peut les mener sur un même parcours, dans la même caravane...

CHEMIN DE VIE 5 et CHEMIN DE VIE 6.
Vérifier le niveau d'huile.
Une tension première peut céder la place à une consolidation dans le temps.

L'accord vibrera intensément, des concours de circonstances rapprochant ces deux parcours, mais auront-ils la vie longue ? C'est plus mouvant que persévérant…
Ce qu'offre le 6 peut convenir au 5, à la condition sine qua non de lui laisser la bride sur le cou. Vivre ensemble ? Bof… Se rencontrer quand on en a envie ? Sans problème !
Il y a une maîtrise à formaliser, des énergies à canaliser. Ce sera apport d'oxygène ou des rafales.
Pour résumer, il s'agit d'une entente mobile, fugitive, flottante.

CHEMIN DE VIE 5 et CHEMIN DE VIE 7.
L'explorateur et le vérificateur.
Deux circuits aux tracés différents, aux rythmes et aux climats presque opposés. Ils peuvent s'attirer, mais c'est le chemin du papillon et celui du solitaire.
La route 5 est indépendante. La 7 est individualiste. La première implique changements, mobilité. La seconde se trouve dans une salle d'attente, réfléchie, plus ou moins solitaire. L'un bouge, l'autre peu. Discours et promesses contre silence et distance.
Rivalités, sacrifice, désillusion sont à craindre lors de cette rencontre.
Ils peuvent se déchaîner, non pas ensemble, mais bien plutôt comme une tornade.
Voilà un aspect malaisé à harmoniser.

CHEMIN DE VIE 5 et CHEMIN DE VIE 8.
Pour qui le podium ?
Peu de rapports communs, un rapprochement hypothétique qui semble bien instable ou malaisé… Voyons rapidement pourquoi. La route 5 implique une certaine irresponsabilité. On agit par impulsions, on varie d'hu-

meur, on change sans toujours savoir où l'on va. Le tracé 8 annonce la nécessité de se battre, d'être pragmatique et de matérialiser durablement.
Un certain enrichissement pourrait leur profiter mutuellement, mais... ils auront tendance à tout raser et à recommencer, ailleurs...
Exemple : un nettoyage en grand.
Difficile à concilier, tant les tendances divergent.

CHEMIN DE VIE 5 et CHEMIN DE VIE 9.

La route des découvertes.

Si le vécu est suffisant, les découvertes rassasiées, les deux trajets peuvent fort bien s'épouser pour prendre une cours mobile, ouvert et large. C'est encourageant.
Aucun horizon bloqué, tout vise des lendemains radieux.
Dans ces conditions, pourquoi émettre des réserves ?
Parce les difficultés tiennent aux circonstances. Une certaine forme d'égocentrisme peut l'emporter. Le 5 voit peu les conséquences de ses réactions impulsives. Le 9 idéaliste, au contraire, pense moins à lui, plus apte à conclure et à aider qu'à expérimenter de manière aventureuse.
Espoirs ou découragements ? Tout est affaire de tempérance, de part et d'autre.
De quoi s'alimenter et se réchauffer. Tablons sur des augures favorables.

Les parcours harmoniques avec le chemin 5 : 3 et 5.
Le parcours plus ou moins parallèle avec le chemin 5 : le 9.
Les parcours chaotiques avec le chemin 5 : 2, 6, 7 et 8.
Le parcours divergent avec le chemin 5 : le 4.

LES PROXIMITÉS AVEC UNE EXISTENCE 6.
"C'est la femme qui choisit l'homme qui la choisira." **Paul Géraldy. L'Homme et l'amour (Hachette).**

Le périple en tandem.
Ce profil pittoresque réclame beaucoup d'attention et de discernement car, ici, quand le cœur va, tout va ! Pour s'y mouvoir à l'aise, il faut savoir bien choisir, sans trop hésiter ni tergiverser d'une part, sans se tromper de direction d'autre part. Effectivement, les options ne sont pas toujours faciles à prendre. Les carrefours peuvent s'avérer malaisés et les engagements trompeurs. Le libre arbitre règne ici en maître. Le voyageur se montre bienveillant, psychologue, aimable et surtout conciliant. Ajustement et conciliation prédominent. La beauté, les arts, le charme, tout cela accorde un aspect aimable, attachant, si toutefois des rapports sensibles s'instaurent. L'Amour, sous toutes ses formes, guide les pas. Deux horizons se dessinent alors : le couple, la famille, le foyer, où l'on se doit d'assumer toutes les responsabilités avec abnégation, générosité. Puis l'horizon social, ordonné, perfectionniste, apte à bien conseiller. Le cœur et l'extérieur, main ferme dans un gant de velours. Il convient cependant de se méfier de l'émotivité et des tentations. Dans ce cas, désorganisation, indolence, fêtes licencieuses provoqueraient des changements complets. La clef de voûte demeure la quête et l'obtention de l'harmonie, surtout sentimentale. Hélas, beaucoup de celles et ceux qui n'ont pas de 6 dans leurs Grilles, risquent l'épreuve d'une séparation. Mais prévenus...

La devise.
J'assume si l'on m'aime. Et j'aime aimer.
Le fragile Alfred de Musset avait un Chemin de Vie 6.

LES DIFFÉRENTS TRAJETS.
"Il vaut mieux rêver sa vie que la vivre, encore que la vivre, ce soit encore la rêver." **Marcel Proust. À la recherche du temps perdu, À l'ombre des jeunes filles en fleurs (Gallimard).**

CHEMIN DE VIE 6 ET CHEMIN DE VIE 1.
Voir chemin de Vie 1 et chemin de Vie 6.

CHEMIN DE VIE 6 ET CHEMIN DE VIE 2.
Voir chemin de Vie 2 et chemin de Vie 6.

CHEMIN DE VIE 6 ET CHEMIN DE VIE 3.
Voir chemin de Vie 3 et chemin de Vie 6.

CHEMIN DE VIE 6 ET CHEMIN DE VIE 4.
Voir chemin de Vie 4 et chemin de Vie 6.

CHEMIN DE VIE 6 ET CHEMIN DE VIE 5.
Voir chemin de Vie 5 et chemin de Vie 6.

CHEMIN DE VIE 6 et CHEMIN DE VIE 6.
Circulation sans carte.
Des désirs similaires, des besoins identiques, la même recherche d'équilibre affectif les réunissent. Est-ce suffisant pour que l'accord perdure ? Autant ils ont en commun, autant la durée de leur investissement respectif peut poser problème, à la longue.
La sensibilité les réunit à coup sûr. C'est bien le plus important. Encore faudrait-il discerner la possibilité d'amplification des errances et des hésitations qui peuvent alors freiner la marche en avant.
Instabilité, remise en cause ou étouffement menacent,

malgré la possibilité d'harmonie certaine et de conciliation mutuelle.
Vivre en face de son image, se noyer dans son reflet...

CHEMIN DE VIE 6 et CHEMIN DE VIE 7.
Sur un chemin sablonneux, malaisé...
Le cours de l'existence peut les rapprocher un instant, les éloigner bientôt après... Ils ont si peu à se dire ou à s'avouer, au long terme...
Le trajet 7 implique distance, retrait, prudence, silence, observation et temps. Comment donc lier connaissance ou amitié sous un tel climat ? Le 6 attendra d'être encouragé, cajolé, compris, et les mots ne viendront pas.
Ils se dirigeront tôt ou tard vers un retour à la case départ.
Accord fluctuant, entente malaisée, hélas.
Perturbations, doutes, hésitations primeront, grains de sable dans les attentes respectives..

CHEMIN DE VIE 6 et CHEMIN DE VIE 8.
Changements de direction.
L'accord affectif s'annonce malaisé, sauf si des activités communes relient les protagonistes.
Ce rapprochement ne semble guère aisé de prime abord, bien que des concessions et une bonne volonté réciproque puissent en améliorer le cours. C'est mouvant, souvent basé sur une attirance physique. Le 6 charme, séduit, disponible tel un cœur à prendre, offrant la possibilité de fonder un couple. Le 8 se sent attiré, mais il a toujours tendance à imposer, plus brutal, disons plus entier que modulé.
Les abus seraient à contrôler. Patience et longueur de temps font plus que force ni que rage...

Ambiance animée, changeante, plus cassante que sereine.

CHEMIN DE VIE 6 et CHEMIN DE VIE 9.

La route fleurie.

Voici de quoi exécuter un concerto à quatre mains, tant les cours semblent s'harmoniser.

Magnétisme, attirance, mystère, une ambiance animée par une force instinctive, une dynamique amoureuse se dessine autour de la réunion de ces deux périples.

Ils prendront garde de ne pas s'écorcher, l'un apportant l'harmonie, l'autre un altruisme généreux. Il s'agit de l'une des rencontres les plus favorables qui soient.

Ils s'alimentent et assolent le terrain de leur univers.

Un très bon cas de figure. Tous nos vœux !

Les parcours harmoniques avec le chemin 6 : 2, 3 et 9.
Les parcours plus ou moins parallèles avec le chemin 6 : 1 et 8.
Les parcours chaotiques avec le chemin 6 : 5 et 7.
Les parcours divergents avec le chemin 6 : 4 et 6.

LES PROXIMITÉS AVEC UNE EXISTENCE 7.

"Il y a dans la fidélité de la paresse, de la peur, du calcul, du pacifisme, de la fatigue, et quelquefois de la fidélité."
Etienne Rey. De l'Amour (édit. de 1925).

Les chemins vicinaux.
Périple silencieux qui se fonde sur une vie intérieure intense. Ce sont l'intellect, l'introspection et l'analyse qui prédominent. Le voyageur se trouve toujours en quête du pourquoi et du comment. La destinée se déroule le plus souvent hors des sentiers battus, considérant le matériel comme secondaire. La recherche, la philosophie, la psychologie, et un isolement partiel sont le lot habituel. Les circonstances amènent le voyageur à se montrer désintéressé. Ce dernier se méfie de l'idéalisme, des aspirations et des sacrifices qu'ils impliquent. Bien qu'on y rencontre des gens étonnants et des amitiés rares, le mariage s'avère difficile. La méfiance rouée bride l'émotion. L'itinérant, réservé, discret, secret, songeur, apparemment humble, surtout indépendant, aura du mal à se départir d'une inquiétude, voire d'une angoisse, sur l'utilité de ses actes, la futilité du succès, la Vie, la Mort. Cependant, cette route offre aussi des risques d'excès où pointeraient l'arrivisme caché, la ruse. L'égoïsme, les compromis en vue d'une réussite plus affirmée, l'opportunisme ou l'infidélité guettent celui ou celle qui dévoierait les tendances générales de ce trajet. Aussi, la personne, en dépit d'une ambivalence fréquente, devra-t-elle assumer sa solitude, extérioriser ses émotions afin de mieux approfondir son savoir et ses croyances, pour devenir un penseur de qualité, mélange de silence et d'esprit.

La devise.
Du calme ! J'ai besoin de réfléchir.

Louis Pasteur, le chercheur, avait un Chemin de Vie 7.

LES DIFFÉRENTS TRAJETS.
"La vie n'est ni longue ni courte ; elle a des longueurs."
Jules Renard. Journal, 1887.

CHEMIN DE VIE 7 ET CHEMIN DE VIE 1.
Voir chemin de Vie 1 et chemin de Vie 7.

CHEMIN DE VIE 7 ET CHEMIN DE VIE 2.
Voir chemin de Vie 2 et chemin de Vie 7.

CHEMIN DE VIE 7 ET CHEMIN DE VIE 3.
Voir chemin de Vie 3 et chemin de Vie 7.

CHEMIN DE VIE 7 ET CHEMIN DE VIE 4.
Voir chemin de Vie 4 et chemin de Vie 7.

CHEMIN DE VIE 7 ET CHEMIN DE VIE 5.
Voir chemin de Vie 5 et chemin de Vie 7.

CHEMIN DE VIE 7 ET CHEMIN DE VIE 6.
Voir chemin de Vie 6 et chemin de Vie 7.

CHEMIN DE VIE 7 et CHEMIN DE VIE 7.
Cellules grises en conflit.
Entre eux, l'intellect est prioritaire. Que ne partagent-ils pas ? Retrait, exigences, distance, circonspection, bref disons tout de go qu'il s'agit de deux trajets sélectifs qui auront bien du mal à se satisfaire l'un l'autre !

Observateurs à la dent dure, trouvant sans mal la faille qui anémie l'autre, ils resteront sur leurs positions, bien à l'abri dans leurs coquilles, ruminant à plaisir. Pour eux, le passé l'emportera sur le devenir commun. On n'a pas besoin de mots pour se taper dessus...
Il leur faudra mettre beaucoup d'eau dans leur vin, quitte à le noyer.
Tellement peu de communication et d'échanges...

CHEMIN DE VIE 7 et CHEMIN DE VIE 8.
Passez votre chemin.
Le but est si différent, les allures tellement dissemblables qu'on ne peut guère tabler sur une entente facile entre ces deux parcours.
Pensez, vous mettez en rapport un climat solitaire, où l'aspect matériel n'est pas d'actualité, une attitude secrète, s'auto-protégeant dans le mutisme et une autre tendance, faite d'ambition, de sens pratique, de puissance extériorisée ! De plus le 8 tend à posséder et le 7 s'affiche comme un indépendant absolu. On peut le regretter d'autant plus qu'ils pourraient, c'est du conditionnel, se stabiliser en échangeant leurs capacités respectives.
On peut attendre des perturbations, des excès, des antagonismes déclarés. Ils ne sauront que s'inonder.

CHEMIN DE VIE 7 et CHEMIN DE VIE 9.
La route des nuages.
Lorsque les visées de réflexion, de calme, de recherche, d'humanité et d'idéal les réunissent, cela peut devenir très favorable et on peut envisager un parcours commun.
Ni l'un ni l'autre ne sont attachés au matérialisme, peut-être pas assez... Tout se passe dans les sphères cérébrales, intellectuelles, voire, dans ce cas, spirituelles. Ils

vogueront ensemble vers de larges horizons ouverts sur des terres mentales.
Oui, mais des risques de quiproquos, de mutisme, de manque d'échanges peuvent déstabiliser l'idéaliste 9 qui ira vers autrui alors que le 7 se terrera dans son abri. Ils traverseront probablement des épreuves, potentiellement salvatrices… Tout est question de pression.
C'est très favorable, a priori…Périple silencieux, fondé sur une quête intérieure continuelle.

Les parcours chaotiques avec le chemin 7 : 2, 4, 5, 7 et 9.
Les parcours divergents avec le chemin 7 : 3, 6, 7 et 8.

LES PROXIMITÉS AVEC UNE EXISTENCE 8.

"En amour, ce n'est pas assez d'avoir de grands moyens ; il faut avoir les moyens." **Georges-Armand Masson. L'Art d'accommoder les classiques, "La Rochefoucauld, Maximes", XVIII (1924).**

L'autoroute.

Piste rapide et critique, ce tracé connaît divers embranchements qui font essayer différentes disciplines. C'est une vie de lutte, de combat intérieur et extérieur où l'on doit demeurer vigilant. Sur cette route, on trouve la droiture, le courage, l'endurance, le sens de la justice et des affaires. C'est essentiellement le domaine du pratique et de la construction. Enthousiasme, impulsivité, ambition, désir de réussite et d'acquisition vont de pair avec la nécessité de faire preuve d'une grande résistance. Il faut faire attention, car ici, on touche les dividendes ou l'on paie des intérêts. On veut des preuves, des actes, des faits. Il existe donc potentiellement des possibilités d'intolérance, de vindicte, de manque de mesure et de pondération, tant du point de vue matériel que caractériel. Sacrifier les autres à ses fins ou trop embrasser pour mal étreindre sont des chausse-trappes à éviter. Les autres peuvent percevoir le voyageur comme insignifiant, ignorant le volcan caché. Il y trouve de la tension, de la passion, mais aussi une envergure possible. L'important consiste à acquérir la compréhension d'autrui, à utiliser harmonieusement sa force, avec humilité et mesure. Et puis, l'instinct de possession étant souvent important, protéger sans étouffer…

La devise.

J'ai envie et besoin de réussir.

Ludwig van Beethoven, le lutteur, avait un Chemin de Vie 8.

LES DIFFÉRENTS TRAJETS.

"Combien de gens mènent une vie de chien qui nous paraîtraient plus estimables s'ils devenaient enragés." **Henri Fauconnier. Malaisie (Stock).**

CHEMIN DE VIE 8 ET CHEMIN DE VIE 1.

Voir chemin de Vie 1 et chemin de Vie 8.

CHEMIN DE VIE 8 ET CHEMIN DE VIE 2.

Voir chemin de Vie 2 et chemin de Vie 8.

CHEMIN DE VIE 8 ET CHEMIN DE VIE 3.

Voir chemin de Vie 3 et chemin de Vie 8.

CHEMIN DE VIE 8 ET CHEMIN DE VIE 4.

Voir chemin de Vie 4 et chemin de Vie 8.

CHEMIN DE VIE 8 ET CHEMIN DE VIE 5.

Voir chemin de Vie 5 et chemin de Vie 8.

CHEMIN DE VIE 8 ET CHEMIN DE VIE 6.

Voir chemin de Vie 6 et chemin de Vie 8.

CHEMIN DE VIE 8 ET CHEMIN DE VIE 7.

Voir chemin de Vie 7 et chemin de Vie 8.

CHEMIN DE VIE 8 et CHEMIN DE VIE 8.

Combat sans pitié.

Ils s'amplifient, s'exacerbent, se démesurent tellement qu'il existe plus de risques d'explosion que d'entente. Vous confrontez deux tendances puissantes, absolues, ambitieuses. Les palmes de la victoire couronneront quel front ? Au lieu de s'entraider, ils peuvent se déchirer à

pleines dents. Les rivalités l'emporteront, et avec force bruit et fureur.
Attention, pour cause d'opposition, aux risques de sanction et par-là même, d'écroulement.
Si l'affectif s'annonce tempétueux, en revanche une amitié amoureuse semble plus appropriée. Se voir de temps à autre pour s'apprécier sans s'affronter.
Rapport sec, bien cassant pour être durable !

CHEMIN DE VIE 8 et CHEMIN DE VIE 9.

Deux objectifs divergents.
Ici, l'accord relève du domaine concret, mais les sentiments semblent malaisés, instables.
Le cours et les objectifs de ces deux trajets sont trop dissemblables. Il vaut mieux se contenter de s'apprécier… de loin.
Certes le 8 pourrait faire toucher terre au 9 qui navigue dans les nuages. Ce dernier pourrait, à son tour, faire bénéficier le partenaire de son altruisme et de sa vision d'ensemble. Toutefois, les circonstances paraissent tellement opposées que, s'il existe dans cette configuration un certain savoir-faire, menacent également des risques d'utopie et d'incompréhension..
Mèneront-ils une politique de la terre brûlée ? Malaisé et trop divergent.

Les parcours harmoniques avec le chemin 8 : 2, 3 et 4.
Le parcours plus ou moins parallèle avec le chemin 8 : le 6.
Les parcours chaotiques avec le chemin 8 : 1 et 5.
Les parcours divergents avec le chemin 8 : 7, 8 et 9.

LES PROXIMITÉS AVEC UNE EXISTENCE 9.

"Si l'on doit aimer son prochain comme soi-même, il est au moins juste de s'aimer comme son prochain." **Chamfort. Maximes et pensées.**

Le paysage vu du ciel.

C'est le grand voyage privilégié, celui de l'évasion, des découvertes, de l'évolution. Voie magnifique, ouverte sur des mondes différents, idéologiques, spirituels, humanitaires, mais voie solitaire car elle recoupe rarement ou durablement celle des autres, étant "hors du temps". Rien ne sera facile, toute mission comportant des luttes et des écueils. Tout se mérite, s'acquiert, s'apprend peu à peu, parfois douloureusement. Au crédit du pèlerin, ou de l'ermite, on peut relever des qualités de compréhension, de dévouement, de recherche, de sagesse, d'intuition, d'efficacité morale et de noblesse. Le rêve côtoie l'utopie. Indépendant, intellectuel et hyperémotif, on trouve ici l'étoffe des guides, des pionniers, des missionnaires, des engagés politiques, éloquents bien que réservés. Cependant une tendance oblative trop accusée, une sensibilité à fleur de cœur créent souvent des doutes et des inquiétudes. Le voyageur doit aider, écouter, secourir, comprendre, conseiller, en restant un peu isolé, avec un affectif fréquemment écorché ou malmené. Il cherche l'amour d'une personne. Erreur ! Seul l'Amour universel lui convient, hélas. Mais s'il n'attend rien, beaucoup lui sera donné.

La devise.

Hauts les cœurs. Aimons-nous les uns les autres.
Antoine de Saint-Exupéry, le père du "Petit Prince"*, avait un Chemin de Vie 9.*

LES DIFFÉRENTS TRAJETS.

"Une vie est une œuvre d'art. Il n'y a pas de plus beau poème que de le vivre pleinement. Échouer même est enviable, pour avoir tenté." **Georges Clémenceau, en 1886, cité par G. Suarez dans "Clémenceau".**

CHEMIN DE VIE 9 ET CHEMIN DE VIE 1.
Voir chemin de Vie 1 et chemin de Vie 9.

CHEMIN DE VIE 9 ET CHEMIN DE VIE 2.
Voir chemin de Vie 2 et chemin de Vie 9.

CHEMIN DE VIE 9 ET CHEMIN DE VIE 3.
Voir chemin de Vie 3 et chemin de Vie 9.

CHEMIN DE VIE 9 ET CHEMIN DE VIE 4.
Voir chemin de Vie 4 et chemin de Vie 9.

CHEMIN DE VIE 9 ET CHEMIN DE VIE 5.
Voir chemin de Vie 5 et chemin de Vie 9.

CHEMIN DE VIE 9 ET CHEMIN DE VIE 6.
Voir chemin de Vie 6 et chemin de Vie 9.

CHEMIN DE VIE 9 ET CHEMIN DE VIE 7.
Voir chemin de Vie 7 et chemin de Vie 9.

CHEMIN DE VIE 9 ET CHEMIN DE VIE 8.
Voir chemin de Vie 8 et chemin de Vie 9.

CHEMIN DE VIE 9 et CHEMIN DE VIE 9.
Apôtres sans frontières.

Quel idéal en partage ! Signe d'apostolat et de mission, ils représentent l'Armée du salut ouverte à tous. Et eux, là-dedans ? Question sans grande réponse…
Leur émotivité les fragilise. Ils s'écorchent à la moindre désillusion. Ils jetteront des perles aux pourceaux. L'irréalisme peut les entraîner sur des sentiers où le cœur aura ses raisons que leur raison ne reconnaîtra qu'après les ronces…
Illusions, erratisme, lunatisme, car l'enfer est pavé de bonnes intentions. De quoi s'étouffer !
Diogène vivait seul, dans son tonneau…

Le parcours convergent avec le chemin 9 : le 3.
Les parcours harmoniques avec le chemin 9 : 1, 5 et 6.
Les parcours chaotiques avec le chemin 9 : 2 et 7.
Les parcours divergents avec le chemin 9 : 4, 8 et 9.

QUELQUES PERSONNAGES ET COUPLES CÉLÈBRES.

Les données numérologiques sont calculées à partir du premier prénom, du nom et de la date de naissance, tels qu'ils ont été enregistrés sur l'acte civil de départ. Oubliez donc les pseudonymes.
Permettez-moi d'être galant – pas toujours, ne m'en veuillez pas - et d'oublier certaines dates, bien qu'elles interviennent dans le calcul des chemins de vie.

	Personnalité/	Intérieur/	Chemin de Vie
Sophia LOREN autrement dit Sofia SCICOLONE	**1**	**6**	**1**
Edwige FEUILLERE, à l'origine Caroline CUNATI	**1**	**7**	**2**
Charles BIZET, né Alexandre BIZET	**2**	**8**	**1**
ÉRASME, ou Geert GEERTSZ,	**2**	**2**	**1**
Greta GARBO, née Greta GUSTAFSSON,	**3**	**7**	**6**
le Mahatma GANDHI, ou Mohandas KARAMCHAND	**3**	**3**	**2**
Romy SCHNEIDER, née Rosemary ALBACH-RETTY	**4**	**6**	**8**
VOLTAIRE, en réalité François-Marie AROUET,	**4**	**1**	**7**
Marcello MASTROIANNI	**5**	**2**	**7**

Cecil Blount DE MILLE	**5**	**6**	**2**
Martin LUTHER	**6**	**9**	**1**
Johann Wolfgang von GOETHE	**6**	**9**	**3**
Albert CAMUS	**7**	**1**	**5**
ALAIN-FOURNIER, soit Henri Alban FOURNIER	**7**	**1**	**9**
Agatha CHRISTIE, née MILLER,	**8**	**8**	**6**
Louis de FUNÈS, né Louis de FUNÈS DE GALLARDA	**8**	**3**	**8**
Ray CHARLES, soit Ray Charles ROBINSON	**9**	**8**	**9**
Alfred HITCHCOCK	**9**	**3**	**3**

Elsa KAGAN, dite **Elsa TRIOLET**,
née le 25 septembre 1896,
Personnalité 8 – Intérieur 8 – Chemin de Vie 4,
et **Louis ARAGON**, né le 3 octobre 1897,
Personnalité 6 – Intérieur 8 – Chemin de Vie 2.
Qui était le plus fort des deux ?

Katharine HEPBURN,
née Katharine HOUGHTON HEPBURN, le 8 novembre 1907,
Personnalité 9 – Intérieur 3 – Chemin de Vie 9,
et **Spencer TRACY**,
né le 5 avril 1900,
Personnalité 3 – Intérieur 9 – Chemin de Vie 1.

Joséphine de BEAUHARNAIS, soit Marie-Josèphe TASCHER DE LA PAGERIE,
née le 23 juin 1763,
Personnalité 2 – Intérieur 9 – Chemin de Vie 1,
et **Napoleone BUONAPARTE**, orthographe corse,
né le 15 août 1769,
Personnalité 3 – Intérieur 3 – Chemin de Vie 1.

Mrs **Wallis SIMPSON**,
née le 19 juin 1896,
Personnalité 1 – Intérieur 7 – Chemin de Vie 4,
et **EDOUARD VIII**, en réalité Edward VIII of Windsor,
né le 23 juin 1894,
Personnalité 7 – Intérieur 9 – Chemin de Vie 6.
Elle l'appelait "mon royal charmeur aux yeux bleus".

Simone ROUSSEL, autrement dit **Michèle MORGAN**,
née le 29 février - c'est la raison pour laquelle elle reste toujours aussi belle – 1920,
Personnalité 4 – Intérieur 7 – Chemin de Vie 7,
et **Gérard OURY**, autrement dit Max Gérard TENENBAUM, né le 29 avril 1919,
Personnalité 7 – Intérieur 6 – Chemin de Vie 8.

Line RENAUD, ou plutôt Jacqueline DENTÉ,
née le 2 juillet 1928,
Personnalité 1 – Intérieur 6 – Chemin de Vie 2,
et Louis, dit **Loulou GASTÉ**, né en 1908. Hélas, je n'ai ni le jour, ni le mois,
Personnalité 2 – Intérieur 6 – Chemin de Vie inconnu.

Charlotte RAMPLING,
née le 5 février 1945,
Personnalité 3 – Intérieur 4 – Chemin de Vie 8,
et **Jean-Michel JARRE**,
né le 24 août 1948,
Personnalité 6 – Intérieur 8 – Chemin de Vie 9.

Simone KAMINKER, ou **Simone SIGNORET**,
née le 21 mars 1921,
Personnalité 4 – Intérieur 8 – Chemin de Vie 1,
et Ivo LIVI, autrement dit **Yves MONTAND**,
né le 13 octobre 1921,
Personnalité 8 – Intérieur 6 – Chemin de Vie 9.

Louise LÉVÊQUE **de VILMORIN**,
née le 4 avril 1902,
Personnalité 1 – Intérieur 7 – Chemin de Vie 2,
et **André MALRAUX**,
né le 3 novembre 1901,
Personnalité 6 – Intérieur 2 – Chemin de Vie 7.

Armandine (Lucie Aurore) DUPIN, baronne DUDEVANT, ou **George SAND**,
née le 1er juillet 1804,
Personnalité 8 – Intérieur 1 – Chemin de Vie 3,
et **Alfred de MUSSET**,
né le 11 décembre 1810,
Personnalité 8 – Intérieur 1 – Chemin de Vie 6.

Jane RHODES, la célèbre Carmen,
née le 13 mars 1929,
Personnalité 9 – Intérieur 8 – Chemin de Vie 1,
et **Roberto BENZI**, son mari de chef d'orchestre,

né le 12 décembre 1937,
Personnalité 5 – Intérieur 4 – Chemin de Vie 8.

Ava GARDNER, née le 24 décembre 1922,
Personnalité 1 – Intérieur 8 – Chemin de Vie 5,
et **Franck SINATRA**, né le 12 décembre 1915,
Personnalité 9 – Intérieur 3 – Chemin de Vie 4.

Elizabeth TAYLOR, née le 27 février 1932,
Personnalité 8 - Intérieur 7 – Chemin de Vie 8
et **Richard BURTON**, en réalité Richard JENKINS,
né le 10 novembre 1925,
Personnalité 8 – Intérieur 6 – Chemin de Vie 2.

et vous, peut-être...

Sans tricher, je vous présente quelques rapides exemples réels, neuf personnes bien moins connues, qui ap-partiennent à mon univers à des titres divers.

Pour commencer, une femme hors du commun. M. est divorcée, épreuve ô combien douloureuse aussi inattendue qu'imméritée – le démon de midi pour son ex-époux... –, d'autant plus qu'elle dût élever ses deux filles au détriment de sa vie personnelle. Elle reste néanmoins vivante, sociable, curieuse, chaleureuse avec sa Personnalité 5. Dans les difficultés inhérentes à un célibat imposé, elle se tourna un jour vers une recherche ésotérique. Il est vrai que sa foi la prédisposait à tenter de voir derrière le miroir. Que voulez-vous, elle possède un 2 dans la case du 7. Elle commença par les Tarots, embraya simultanément avec les Nombres, s'intéressa au pendule et aux astres. Son chemin de Vie 9 la poussait à ce genre de quête, éprise de vérité avec un affectif écorché. Des dons évidents éclorent. Si jamais j'ai connu un "médium" – mot qui signifie moyen ou canal, pas davantage – c'est bien elle. Elle sent, ressent de manière stupéfiante. Mais, surtout, ce qui la caractérise à mes yeux, c'est un cœur qu'elle a sur la main, une amitié sincère et solide. Normal, avec un Intérieur 9 ! Avec autant de 9, elle enseigne, transmet, écrit, recherche avec de rares qualités humaines. N'allez pas croire pour autant qu'elle manque de personnalité ! Avec le sens de la répartie, elle sait riposter, mais jamais méchamment. Amie rare, puisse sa route continuer longtemps afin qu'elle puisse s'épanouir et poursuivre l'aide qu'elle apporte aux autres.

Deuxième exemple, un jeune homme, E. S'il aime les chats, ce n'est guère étonnant. Affectif, réclamant câlins, tendresse, caresses, il manque un peu de confiance en lui alors qu'il possède une véritable valeur humaine et intellectuelle. Il a connu la séparation orageuse de ses parents, traversé bien des turbulences, beaucoup bourlingué comme s'il avait voulu se trouver en rattrapant le temps perdu. Un peu narcisse, coquet, sensible à l'esthétique, il adore plaire. Vous avez compris qu'il bénéficie d'une personnalité 6. Après avoir divorcé à son tour, il mena une véritable vie de patachon. Par delà ses aventures, ne cherchait-il pas à séduire, à conforter le sentiment qu'il avait sur son physique ? Par chance, il se sortit de ses périples dissipés sans dommage. La vie est un combat, il en prit conscience avec son chemin de Vie 8. Il se fixa un jour, passant de l'informatique aux mathématiques, ses première amours, en compagnie stabilisante. Mieux vaut tard que jamais, car à l'évidence il possède des talents pour cette science abstraite. Peu à peu, il grimpe l'échelon des hauts diplômes universitaires en dépit de réformes qu'un ministre qui fait de la pédagogie comme Attila faisait du tourisme impose. Cette destruction autosatisfaite le révolte, et à juste titre ! Veut-on former des veaux ou forger des esprits ? Avec son 4 intérieur et un 3 dans la case de ce même nombre, il semble évident que l'algèbre et la théorie des groupes lui conviennent. L'ex-déluré se révèle maintenant perfectionniste, passionné et obsédé par ses recherches, en devenant presqu'associal. Disons agoraphobe, le 4 oblige. Rien ne lui sera donné tout cuit, mais sa valeur palliera sans nul doute les obstacles que la vie lui imposera. Il le mérite.

Voici maintenant M.R., elle aussi divorcée. Décidément ! Mère d'une fille intelligente et d'un beau garçon que les efforts studieux rebutent, elle occupe un poste important dans le cadre du ministère de l'Éducation dite Nationale qui porte si mal son nom. Le 4, dit-elle, semble l'emprisonner si l'on considère les écueils constants qu'elle doit affronter seule. Elle semble dotée de qualités dites "viriles", étant donné son chemin de Vie 1, ce qui ne va pas pour plaire à ses collègues. Que voulez-vous, c'est une jolie femme, mais rien qu'une femme ! Ses idées avortent ou sont pillées. Le panier de crabes lui dresse constamment des chausse-trappes sous ses pieds. Son manque de 7 en Personnalité lui vaut un profil attractif et dérangeant à la fois, éveillant jalousies et rivalités. On retrouve le 7 dans la case 9, ce qui lui accorde une générosité rare, un côté vibrant, d'idées de réformes novatrices ou d'idéal, par définition inaccessible. Elle est de l'étoffe des guides, oui mais aussi des poires, sans spécifier leur espèce. Car M. est fragile, étant donné son 2 Intérieur et dans la case du 3. Le 3 ? Elle appartient au domaine des Arts

Appliqués. Dotée d'une libido certaine, elle ne sait pas se passer d'une présence masculine, bien que cet appel attire plus de chiens perdus sans collier que de véritables compagnons. On ne peut que lui souhaiter de trouver son équilibre en sachant s'affirmer sans céder, entre le besoin de présence et une indépendance réelle afin qu'elle se réalise pleinement. Et ce sont des vœux sincères.

Le cas le plus probant que je connaisse d'un chemin de Vie 6 s'appelait S. Elle rata sa vie entière. Jeune, jolie, rieuse, pétillante, taquine, vive, elle prit la fuite un jour en se mariant avec un homme qui l'aimait. C'était le seul moyen d'échapper à une marâtre dont la comtesse de Ségur a vaguement évoqué les réactions dans son *Bon Petit Diable*. Elle se sépara de son premier époux, en culpabilisant toute sa vie durant. Par miracle, elle gagna à une loterie. La voilà riche ! Elle voyagea avant de tomber sur son futur conjoint qui arriva à lui arracher un accord à la suite d'un chantage affectif. S. avait un chemin de Vie 6 ! Lui faire miroiter un couple vibrant, une famille unie, un amour partagé, elle céda pour se retrouver le lendemain au Sénégal, femme, maîtresse, secrétaire, domestique. La seule bonne chose qui lui arriva fut la naissance de son fils unique. Grâce à elle, son garçon évita de se lancer dans la carrière aléatoire du théâtre pour faire son cinéma en tant que professeur. Oh, elle n'était pas sans défauts, trop vive, trop crédule, parfois instable, mais essentiellement mue par son cœur. Elle aspirait à la sécurité, pour les siens d'abord, épaulée par sa personnalité 4. Hélas, elle subit plus qu'elle n'agit avec son 2 absent et le 7 dans son Intérieur. L'inaccessible étoile, les vœux inassouvis, le manque à être, elle connut ! Elle porta son époux jusqu'à la fin. Se sentant inutile quand ce dernier partit, elle coula, atteinte d'un cancer qui la dévora pendant 29 mois d'agonie suite à une opération, un vrai succès d'après les chirurgiens... Elle est mon ange gardien.

J. peint. Elle s'est séparée de son mari qui lui ôta en même temps ses deux garçons. Menant une vie indépendante, autonome à tout crin avec son intérieur 1, elle cache sous une petite silhouette, un tempérament très fort. Très dualitaire, personnalité 2 oblige, elle se constitue de tendances opposées. Elle se révèle ouverte, compréhensive, tolérante, sensible, attirée par les sciences humaines, les philosophies diverses, et l'art bien entendu. C'est son côté attachant. En même temps, elle affirme ses idées, pas toujours les mêmes par ailleurs. Bavarde comme peu, mais il faut comprendre sa solitude oppressante, elle laisse peu de place au dialogue. Elle soûle ! Et pourtant, elle n'en a pas conscience, car elle demeure foncièrement bonne, ayant même tendance à se faire exploiter par des faux apôtres. Le 2 dans les cases 1 et 9 en témoigne. D'où le tiraillement entre le besoin de s'affirmer du 1 et l'altruisme du 9. La peinture et ses créations, nourries par une spiritualité certaine, sont encouragées par son chemin de vie 3. Son indéniable talent artistique devrait lui apporter une aisance matérielle, pensez-vous. Eh bien, détrompez-vous. Elle manque de souplesse, rigide dans ses opinions, avec son 2 absent. Elle se heurte aux difficultés quotidiennes à cause de son 4 inexistant. En revanche, elle hérite d'un 4 dans la case du 3, ce qui lui accorde une évidente créativité mais aussi une sélectivité sociale dont elle ne sait pas toujours se servir. Elle en devient méfiante, au lieu d'être prudente. Elle est sevrée d'affection et cela peut faire comprendre ses failles. On ne peut que lui souhaiter affectueusement de trouver un équilibre matériel, affectif et sanitaire. On ne somatise pas pour rien…

Un cas exceptionnel d'écorchée vive, la chère R., fille des bois si l'on en croit son prénom. Un mot, un sourire, un silence, un regard, une remarque et vous la voyez ou encouragée ou détruite. Personnalité 6 et, qui plus est, chemin de Vie 6 obligent. Ça en devient presque pathologique. Elle vibre, telle une corde constamment tendue, prête à rompre. Elle rêve d'osmose, de fusion, artiste dans l'âme, et trouve toujours des motifs d'insatisfaction. Svelte, elle se trouve trop grosse. Jolie – elle ressemble à Brigitte Fossey – elle souffre de complexes. Douée pour le dessin ou l'aquarelle, ses travaux ne valent rien. Elle enseigne avec une rare conscience. Proche de ses élèves, dévouée jusqu'à la bêtise, elle se fait manger la laine sur le dos par plus malin ou plus sonore. Elle voudrait, mais ne peut point, paralysée par un manque de confiance en elle qui l'handicape plus que de raison. Son intérieur introverti 7 joue pour beaucoup. Rien n'est jamais assez parfait, aussi bien pour elle-même que pour les siens. Si seulement elle pouvait remiser ses inhibitions idiotes, ses réserves d'oiseau blessé, que de trésors elle pourrait donner avec le 5 dans la case 9 ! C'est justement ce qui va à l'encontre de ses aspirations. Elle ne sait pas ne pas donner, ne pas s'investir, et ne comprend pas que les autres puissent agir et réagir différemment. Allons, R. tu vaux tellement mieux que tout ça ! Et c'est aussi pour ces raisons qu'on t'aime !
Italien d'origine grecque, D. a le sens de la famille. Il tient au clan par-dessus tout, même si son caractère jadis explosif provoqua une séparation. C'est un personnage attachant, sensible, gentil, généreux, comme toute per-

sonnalité 9 qui se respecte. Sa femme, ses enfants, il s'y accroche comme seuls les italiens savent le faire. Son intérieur 6 explique aussi cette propension, d'autant plus qu'avec un 3 créatif dans la case du 6 il ne saurait nier l'importance qu'il attache à l'affectif. Oui mais, le sens de la mesure et de la pondération lui ont manqué bien longtemps. Son chemin de Vie 8 a créé plus de déflagrations que de sérénité. Tout ou rien ! Il a bien mis de l'eau dans son vin, capitulant devant les dangers qui menacent son foyer, mais le volcan sommeille toujours. Une vie 8 implique, pour ceux qui manquent de ce nombre, difficultés, lutte pour arriver à se sortir d'une vie médiocre. D. les rencontra. Avec le handicap d'une jeunesse brinquebalée, un manque de diplômes gênant à ses yeux, il a su affronter, se faire apprécier, arrivant à enseigner dans de hautes écoles. Hélas, il demeure sensible aux signes extérieurs de réussite, s'estimant inconsciemment indigne de reconnaissance sociale. Distrait, presque innocent, il aspire à un monde réformé, plus juste, équitable. On l'approuve. Mais, comme le sens des réalités lui échappe quelque peu, il reste sur son nuage. Et il ressent très profondément les heurts et malheurs de l'humanité, résigné en apparence en ce qui le concerne. Ah, cette émotivité parfois incontrôlée du 6 !

"La vie est un tissu de poignards qu'il faut savoir distiller goutte à goutte", disait le sapeur Camembert. Eh, bien en ce qui concerne C., nous nous trouvons en face d'une émotive cachée pour qui se borne aux apparences. Oui, elle aime l'ordre, la propreté, épaulée par sa personnalité et son chemin de Vie 4. Un 4 dont elle manque par ailleurs, ce qui peut se traduire par un certain flou artistique temporaire, par un côté taquin qui hérisse ceux qui

en font les frais, par une constance parfois mouvante. Cette absence implique également un cours d'existence difficile, peu entouré, soit par choix personnel soit à cause d'épreuves endurées, telles une vocation contrariée ou des affections mal partagées. Mais elle garde la tête haute. Avec une diplomatie à géométrie ô combien variable, le 1 dans la case 2 en témoigne, elle reste une femme éminemment sensible et chaleureuse grâce à son intérieur 9. On la prend pour sèche alors qu'elle ressent très fort. Elle se protège derrière des fonctions administratives alors qu'elle était faite pour écrire, enseigner, ou même voyager. Quand elle donne, son bon cœur aidant, c'est du sûr et du solide. Sauf quand elle tombe sur des aigrefins. Alors là, elle sort les griffes et montre les dents. Aussi reporte-t-elle son affection sur son caniche car jamais l'amour qu'il lui porte ne l'a déçue. Ne vous moquez pas de ce transfert, voyez plutôt tout ce qu'il révèle. Elle est sociable, reçoit avec goût, aime rire et partager. Avec le 5 dans la case 9, elle est faite pour donner, mais à bon escient et non des perles à des pourceaux, n'est-ce pas, C. ? Et puis, avec ces trésors de sensibilité, sa libido a de quoi satisfaire les plus exigeants. Alors, Messieurs, pourquoi mésestimez-vous ce personnage oblatif, sans abuser de sa générosité, bien entendu ?

Pour terminer ce tour d' horizon personnel, fermons la liste avec P. Ermite, il l'est avec sa Personnalité 9. Ce sont les autres qui viennent à lui, non l'inverse. Épris d'absolu, trop entier, parfois extrême, il rêve toujours à des lendemains plus radieux. Compte tenu de son Intérieur 8, il réagit avec vivacité, parfois violemment, impatient et trop peu diplomate comme l'implique son 2 absent. Hélas, s'il pousse des coups de gueule, il demeure naïf, peu capable de résister à des S.O.S. Ainsi, il s'est fait largement grugé et son cœur a saigné plus qu'à son tour. Trompé, meurtri, il a tenté de se préserver derrière une apparente distance. Rien n'y fait. Au fond, il demeure humain et humanitaire, malgré les succubes et les vampires qui le guettent. Son chemin de Vie 6 lui accorde un sens esthétique certain et surtout la nécessité de trouver un équilibre sentimental. Il fut égoïste, partial, faible. Il reste égocentrique bien que très généreux , subjectif bien que doté d'un bon esprit de synthèse, fragile devant les remous cardiaques. Avec un 5 dans la case du 7, on le dit médium, voyant, que sait-il... Il répond avec humour qu'il est myope. Peut-être. Il traduit ces capacités supposées par déduction, voire, à la limite, intuition. Pas davantage. Mais cet excès de 7 le pousse vers l'écriture, la recherche et surtout une insatisfaction constante. Il peut beaucoup, pour autrui, mais exige en réponse une appartenance entière. Heureusement la vie érode les aspérités et, tel le bon vin, il s'améliore lentement. Lui qui ne boit pas ! Peut mieux faire.

Après cet entracte, revenons à nos moutons.

LE BON MOMENT.

Le bon moment ? Une pause ou un enracinement ? Une halte pour l'amour ou la sympathie ?
En ce qui concerne cette dernière, citons Georges Duhamel, dans les Plaisirs et les jeux : *"La sympathie est une passion animale et même une passion égoïste ; mais c'est notre meilleure chance de nous évader de l'égoïsme."*
Quant à l'amour, vous savez bien que "l'amour suppose qu'il y aura dans un autre ce qu'il importe de ne trouver qu'en soi", si l'on en croit Marcel Jouhandeau dans *"De l'abjection."*
Ne voyez surtout pas dans ce chapitre l'affirmation d'une "prédiction" absolue. La Numérologie dessine des tendances, éclaire le moment, donne des indications, plante des panneaux de signalisation, point final.
Si vous restez dans votre chambre aux volets clos et qu'il fasse un beau soleil, la belle affaire !
Non, il s'agit, une fois prévenu(e), de se prendre en charge. Aide-toi, le Ciel t'aidera.
On peut tout avoir pour s'entendre et se manquer ou ne pas voir l'autre sur le quai d'en face.
Admettons que l'on vous annonce une période pleine de ronces. Première solution, ne vous promenez pas en espadrilles, mais mettez plutôt des jambières. Deuxième solution, faites le tour du terrain.
Autre cas de figure, demain s'annonce rempli d'opportunités. Ou vous les saisissez toutes, courez plusieurs lièvres à la fois, vous égayant dans la nature, et il y a peu de chances que les suites de votre vagabondage vous apportent des suites durables. Ou encore, aveugle, apathique, vous ne bougez pas, attendant qu'on vous serve sur un

plateau d'argent.. Quelle chance avez-vous ?
La météo peut couvrir le ciel de nuages sombres et vous pouvez partager "un p'tit coin d'parapluie". Elle annonce le beau temps ? Ne prenez pas de coup de soleil.
Non, il s'agit ici de discerner les synchronicités, déjà un très bon signe.
Ensuite, et surtout, encore faut-il que vous soyiez disponible, et c'est bien là le plus important et le plus difficile.
Nous possédons tous un livre personnel avec un nombre de pages donné, et des chapitres globaux. À nous d'écrire sur les pages blanches. Y a-t-il un avenir ? Non. Mais un devenir, certainement
Somme toute, quelles sont les possibilités offertes telle ou telle année pour rencontrer l'âme-sœur ?
Comme les mêmes aspects se représentent tous les 9 ans, rien ne vous empêche de voir si votre affectif a connu telle ou telle ambiance avec une personne que vous fréquentez (ou –tiez).

QUEL EST LE CLIMAT GÉNÉRAL D'UNE ANNÉE 1 ?

"Ne dites pas : "Et tu sais, tu es le premier." **Car il feindrait assurément de le croire, mais ce serait courtoisie pure. Mais dites :** *"Avant de te connaître, je ne savais pas ce que c'était."* **Car cela, les hommes le croient toujours." Georges-Armand Masson. L'Amour de Ah! jusqu'à Zut! (1960).**

Je démarre.

Le 1 amorce un cycle de 9 années. Il indique un changement, un démarrage ou un redémarrage. Il convient de définir ses objectifs en oubliant le passé et les mauvaises habitudes. On repart sur de nouvelles bases en procédant enfin aux changements envisagés auparavant. Le cas échéant, les plaies doivent être pansées. Dans ces conditions, on cherche les opportunités, et l'on s'en sert. Ne chantez pas "aujourd'hui peut-être, mais plutôt demain". On ne doit suivre que ses propres avis, sans écouter quiconque ni se reposer sur qui que ce soit. On plante, on sème. On retrouve sa liberté d'action et de pensée. On prend des initiatives, on agit et on concrétise. On peut même s'attendre à une rencontre qui pourrait prendre de l'importance plus tard. Qu'ils soient professionnel, géographique, affectif, des changements peuvent intervenir. Il n'y pas d'avenir, mais un devenir, surtout en ce moment. Une forme d'anti-assistanat.

Quelle chanson peut-on fredonner ?

La Marseillaise, "marchons, marchons...", mais oublions le sang impur, s'il-vous-plaît.

LES ACCORDS AVEC L'ANNÉE PERSONNELLE 1.

ANNÉE PERSONNELLE 1 et ANNÉE PERSONNELLE 1.

Les deux bateleurs.

Rivalités, affrontements, désaccords, crises d'autorité... Quel programme ! En réalité, ces instants identiques sont tous deux prêts à démarrer. Partir, oui, mais aussi gagner. Cet afflux d'énergie, ce potentiel de reconstruction, cette amplification du besoin de s'affirmer se fait souvent au détriment d'autrui, surtout lorsqu'il s'agit d'un jumeau !
Et comme ils sont identiques, sur les mêmes ondes – on ne saurait parler de modulation de fréquence en ce qui les concerne –, ils risquent plus d'avatars et de concurrence qu'ils n'ont de chance de trouver leur moitié.

ANNÉE PERSONNELLE 1 et ANNÉE PERSONNELLE 2.

La locomotive et le wagon.

Cette rencontre peut voir le commencement d'une idylle. Le 2 a déjà passé le cap et se sent prêt à accueillir une force dont il ressent le besoin. Moment de fragilité, d'attente, de tendresse offert au dynamisme, aux élans et à l'autorité du 1.
Il ne faudrait pas pour autant que l'année 2 abdique, devienne apathique, passive, victime consentante. La 1 ne devra pas non plus exagérer, imposer, exiger en égoïste pure. Ou alors, cela tournerait aux rapports sadomasochistes !
Dans ces périodes faites l'une pour l'autre, souhaitons-leur une douce osmose.

ANNÉE PERSONNELLE 1 et ANNÉE PERSONNELLE 3.

Le coq et l'optimiste.

Rien à signaler, tout semble positif, même les projets en commun.
Moment capital pour l'année 1 qui amorce avec une nouvelle vitalité. Elle se sent prête à ouvrir bien des portes, à

explorer bien des domaines, à innover au besoin. La 3, quant à elle, partage cette vitalité, profite d'un dynamisme commun, et s'exprime avec aisance. De quoi charmer le "maître et seigneur".
Les deux cas peuvent former un tandem durable, car le 3 saura s'y prendre, futé comme il est ! Et le 1 n'y verra que du feu si on semble lui laisser les prérogatives.

ANNÉE PERSONNELLE 1 et ANNÉE PERSONNELLE 4.
Le prospecteur et l'exécutant.
Ambiance pesante, responsabilités, charges peuvent alourdir la rencontre temporelle. Il faut prendre position et décider. Oui, mais qui et comment ?
Le 1 admet difficilement ses torts. Le 4 se bute. Le premier veut avoir raison. Le 4 veut des preuves. L'année l'accélère. La 4 ralentit.
Il semble que cet équipage n'aille pas bien loin, des changements pouvant intervenir, plus rapidement que prévus... Brève rencontre.
L'impulsion du 1 contre le côté cassant du 4, vous voyez le tableau ?

ANNÉE PERSONNELLE 1 et ANNÉE PERSONNELLE 5.
Le mistral et les alizés.
Certes les rencontres sont facilitées, mais dureront-elles ? La séduction opère. L'éparpillement menace.
L'année 1 a envie de l'emporter. Elle se veut ou voudrait gagnante. Pourquoi la mésestimerait-on, elle, avec son audace, son autorité, son charisme ? Mais la 5, de son côté, n'accepte aucune entrave. Elle exige la plus totale indépendance.
Les circonstances ont tout pour se plaire et s'attirer, mais cela dépassera-t-il le stade de la gerbe d'étincelles ? À la

durée de vie limitée...
Si vous souhaitez passer des moments passionnés, allez-y ! Mais ne vous investissez pas, ce sera plus sûr !

ANNÉE PERSONNELLE 1 et ANNÉE PERSONNELLE 6.

L'indépendant et le cardiaque.
Tout l'un ou tout l'autre : ou les sentiments vibrent fort ou survient une menace de rupture... Mais la situation peut s'arranger, rien n'étant définitif.
Tout dépend d'eux.
Le problème semble plus ardu du côté de l'année 1 qui fonce ou impose. Son égocentrisme un peu dominateur peut sembler lourd à porter pour une période 6 qui sait jouer les médiateurs, concilier, assumer des responsabilités, mais point trop n'en faut !
En mettant de l'huile dans les rouages et non pas sur le feu, elles peuvent se rencontrer.

ANNÉE PERSONNELLE 1 et ANNÉE PERSONNELLE 7.

Le bruit et le silence.
Les différences de longueurs d'ondes peuvent créer une certaine incommunicabilité. Le besoin de se recentrer peut l'emporter. Le 1 empiète tellement sur le territoire du 7 et son jardin secret. Le 1 explose. Le 7 implose.
S'ils arrivaient, l'un à brider ses pulsions, et l'autre à conserver son calme, ils pourraient arriver à s'entendre, sinon à se comprendre. L'année 7 est une adepte du discours tacite. Pas la 1.
Cependant, il arrive que l'on puisse connaître une rencontre inattendue.
Sur ce terrain, mieux vaudrait privilégier l'amitié et les échanges intellectuels, pas davantage.

ANNÉE PERSONNELLE 1 et ANNÉE PERSONNELLE 8.

Le directeur et l'ambitieux.

Seuls les objectifs purement concrets, matériels peuvent rapprocher les protagonistes.

L'année 1 va jouer les meneurs, la 8 fera jouer son ambition. Toutes deux peuvent se montrer efficaces mais indé-pendantes, ne supportant aucune rivalité. Ça tombe mal !

Dans le domaine des sentiments, on risque pour l'instant possessivité, jalousie, tempêtes. Une véritable centrale électrique. Peut-être, s'ils travaillaient ensemble… Et encore. Est-il raisonnable de mêler les vies privées et pro-fessionnelles, surtout avec ces tendances extrêmes ?

ANNÉE PERSONNELLE 1 et ANNÉE PERSONNELLE 9.

L'égocentrique et l'altruiste.

Les charges à assumer et une incompréhension fréquente peuvent rendre le parallélisme de ces parcours assez difficile. Des moments de tension éclatent de temps à autre.

L'année 1 voit devant elle, accordant une priorité certaine à ses propres objectifs. La 9 embrasse l'ensemble, considère hier et demain, et au profit d'autrui. Le dévouement devient obligatoire, plus aisé à mettre en œuvre pour l'autre que pour l'un.

Et pourtant, ces deux parcours opposés s'avèrent complémentaires.

Les similitudes l'emporteront-elles avec plus de facilités que de risques ?

La synchronicité avec l'année personnelle 1 : le 3.
Les opportunités avec l'année personnelle 1 : le 2.
Les hypothèses avec l'année personnelle 1 : 5 et 6.
Les différences avec l'année personnelle 1 : 7 et 9.
Les antagonismes avec l'année personnelle 1 : 1, 4 et 8.

QUEL EST LE CLIMAT GÉNÉRAL D'UNE ANNÉE 2 ?

"Rien n'est plus difficile à partager qu'un amour." **Natalie Clifford Barney. Nouvelles Pensées d'une Amazone. (1939).**

Je t'accompagne.
Une graine a été semée l'an dernier. Elle doit germer. Les racines poussent, mais à l'abri du sol, invisibles au regard. En conséquence, l'année personnelle 2 semble immobile, en position d'attente. Rien ni personne ne doit être brusqué. La paix, en soi et autour de soi ! La patience doit pallier les délais prévisibles. Sans hâte ni précipitation, le moment étant aux associations au sens large du terme, il semble positif de ne pas rester seul(e), de travailler en groupe, voire de chercher l'âme-sœur, car la quête de l'autre est d'actualité... L'ensemble des mois favorise toutes les formes de collaboration, d'alliances. Il arrive souvent que l'on trouve des aides au cours de ce parcours, aides essentiellement féminines par ailleurs. Il convient de penser aux autres, sans égoïsme aucun. Le tout dans l'harmonie, l'entente, la diplomatie, la discrétion, la serviabilité et le calme. Il faut contrôler son émotivité, cultiver son jardin.
Le problème de cette année reste la dualité attachée au nombre 2, ce qui signifie ou union ou rupture, accord ou cassure. De quel côté penchera la balance ?

Quelle chanson peut-on fredonner ?
Une chanson douce, d'Henri Salvador.

LES ACCORDS AVEC L'ANNÉE PERSONNELLE 2.

ANNÉE PERSONNELLE 2 ET ANNÉE PERSONNELLE 1.
Voir année personnelle 1 et année personnelle 2.

ANNÉE PERSONNELLE 2 et ANNÉE PERSONNELLE 2.
Les deux pigeons.
“Deux pigeons s'aimaient d'amour tendre. L'un deux s'ennuyait au logis...”. Ils attendent de concert le chevalier blanc sur son blanc destrier avec son panache blanc. Souhaitons que, vu de près, il ne s'agisse pas d'un blanc cassé...
Trop de besoins temporaires semblables pour s'épauler vraiment. Il faut dialoguer bien que les espérances puissent brider l'action au bénéfice d'une émotivité accrue. Ni l'une ni l'autre de ces années ne se trouve en position de force. Tension, malaise, insatisfaction. Ne pas s'engager encore serait raisonnable, à moins qu'il ne s'agisse de légitimer une relation déjà existante.

ANNÉE PERSONNELLE 2 et ANNÉE PERSONNELLE 3.
L'émotif et l'optimiste.
Les deux courants peuvent favoriser une rencontre, s'entendre, se renouveler mutuellement, mais au prix de certaines concessions. Si l'ambiance les porte au changement, la seule question reste : ensemble ou séparément ? L'année 2 attend et prend en effet quelque recul alors que la 3 a passé ce cap. Les différences doivent se comprendre et s'admettre. Mais si le 2 accepte de sortir, de recevoir, d'aller vers les autres, nul doute que le 3 lui apportera la

sécurité et l'optimisme. Remous de surface à craindre, sans gravité a priori.
Bonne période pour une rencontre, pour penser à avoir un enfant… Harmonie générale.

ANNÉE PERSONNELLE 2 et ANNÉE PERSONNELLE 4.
Le sentimental et le pointilleux.
Les conditions paraissent réunies pour qu'un accord s'établisse, grâce à la patience impartie à l'année 2 jointe au sérieux actuel de la 4. Union, responsabilités, oui, mais semble-t-il davantage dans le domaine matériel que dans le sentimental. L'équilibre sera malaisé à trouver ou à maintenir, le 2 paraissant trop attentiste pour un 4 laborieux. Il faudra concéder, apaiser, et l'ambiance du 4 ne le porte pas spécialement aux concessions…
Une fertilisation commune reste envisageable, avec toutefois des risques de conflits à craindre, pour cause de malentendus, d'assistance lourde.

ANNÉE PERSONNELLE 2 et ANNÉE PERSONNELLE 5.
Le délicat et le baladin.
Si l'année 2 attend, la 5 bouge. Quand la 2 patiente et subit plus qu'elle n'agit, la 5 s'en va chercher un oxygène plus épicé et revigorant ailleurs. L'une aspire à la sécurité, l'autre connaît mouvements et modifications. De plus, l'année 5 amplifie l'indépendance et la liberté personnelle. Pauvre 2 ! Toute impulsion, toute décision trop hâtive risque d'entraîner des suites dommageables à l'avenir. Les "énergies" peuvent s'évaporer, l'in-compréhension et la désynchronisation engendrent de l'instabilité, et des moments de tension.
Mais les rapports sexuels ne posent aucun problème, pour le moment…

ANNÉE PERSONNELLE 2 et ANNÉE PERSONNELLE 6.
Le romanesque et le romantique.
Voici un moment excellent pour réunir deux tendances. Toutes deux aspirent à l'union, à l'engagement affectif. On ne rêve, on ne pense qu'à l'amour. Il faut voir les autres aspects, mais ces influx demeurent très favorables. Les personnalités, intérieurs et chemin de Vie, peuvent mieux définir les influx spécifiques à ces années. Il faudra qu'elles assument ensemble leurs responsabilités, atténuent leur émotivité, concédant quelque peu car l'idéal n'appartient pas tout à fait à ce monde... Puissent-elles être mûres sans devenir blettes. Elles s'abreuvent et se fertilisent.
Union, accord, harmonie en prévision.

ANNÉE PERSONNELLE 2 et ANNÉE PERSONNELLE 7.
Le tendre et le laconique.
Si ce n'était le manque de communication possible, les deux tendances pourraient fort bien s'harmoniser dans le calme et la sérénité. L'année 2 espère, se tient en retrait. La 7 se replie sur elle-même, ménage son indépendance et sa chère solitude. Le dialogue va se faire rare. Autant la 2 devra laisser l'autre tranquille, autant cette dernière devra ménager et sécuriser l'autre. Idéal, humanité se partagent. Mais cette rencontre peut aussi engendrer des troubles, des désirs secrets, des besoins cachés, un manque pas toujours exprimé.
Parfois, il peut pourtant advenir soit une rencontre passionnée, soit, à l'inverse, la conclusion d'une relation ancienne.

ANNÉE PERSONNELLE 2 et ANNÉE PERSONNELLE 8.
Le second et le matérialiste.
Les différences peuvent se complémentariser de manière constructive et solide, s'ils y mettent du leur, en atténuant, le 2 sa "passivité", le 8 sa force. Bien peu de cho-

ses devrait s'opposer à ce tandem. La première année apportera l'assistance, l'autre son sens pratique. Encore faut-il que le 2 arrive à exprimer ses désirs et que le 8 devienne un peu souple pour accorder l'appui moral dont l'autre a besoin. Ensemble, ils s'acheminent vers un renouvellement commun, à la condition qu'ils entretiennent bien leurs jardins avec des arrosages réguliers.

Question d'attentions afin de maintenir l'équilibre.
S'il y avait une rencontre, la sécurité matérielle aurait de grandes chances d'entrer en ligne de compte.

ANNÉE PERSONNELLE 2 et ANNÉE PERSONNELLE 9.
L'impressionnable et le poète.
Les climats annuels sont aussi émotifs l'un que l'autre. Des flots d'émotivité vont déferler sur eux. Cela risque de dégénérer en vague de fond. Qui sera assez fort pour dynamiser, compléter, régénérer ? Vaste question ! Les humeurs vont varier, les nerfs se chatouiller, la sensibilité s'exacerber. Moment mal choisi… L'un attend, l'autre aspire. L'année 2 subit, la 9 rêve. Les tendances du moment peuvent alors s'éteindre plus que se conforter. Crises, remise en cause sont à craindre. On trouve quelquefois dans ce cas de figure ou une rencontre passionnelle, souvent avec une personne d'origine étrangère, ou bien la fin d'une union.
Les deux opportunités n'offrent guère de possibilité de longévité.

La synchronicité avec l'année personnelle 2 : le 6.
Les opportunités avec l'année personnelle 2 : 1 et 3.
Les hypothèses avec l'année personnelle 2 : les 4 et 7.
Les différences avec l'année personnelle 2 : 8 et 9.
Les antagonismes avec l'année personnelle 2 : le 2 !

QUEL EST LE CLIMAT GÉNÉRAL D'UNE ANNÉE 3 ?

"Quand on prend de l'amour, on n'en saurait trop prendre."
Philippe Quinault. Les Rivales, 1653.

Je profite.
La plante semée en année 1 sort de terre. Normalement, une période d'opportunités, de sociabilité, d'échanges, de communication, d'expression et de créativité s'ouvre devant soi. L'optimisme ou la pensée positive devraient être de mise. Ces tendances encouragent même une "naissance", au propre comme au figuré. Savoureux moment à déguster, sainement, à la condition de surveiller ses nerfs, de réfréner ses emballements et de ne pas s'éparpiller dans la nature. Les sentiments bénéficient d'un beau fixe, soit repus, soit optimistes. Il existe bien une tendance aux plaisirs qui peut provoquer quelques flirts, pour les célibataires, bien entendu !... Goulu ou gourmet ? Peu d'obstacles, peu de contraintes, au point qu'il faudrait éviter de courir plusieurs lièvres à la fois. Mieux vaudrait terminer ce que l'on entreprend. Les contacts sociaux, les arts, les déplacements foisonnent. Toutefois, le cas échéant, il convient d'éviter de changer de travail, de logement ou de partenaire, ces décisions s'avérant trop hâtives encore.

Quelle chanson peut-on fredonner ?
Mon truc en plumes de Zizi Jeanmaire.

LES ACCORDS AVEC L'ANNÉE PERSONNELLE 3.

ANNÉE PERSONNELLE 3 ET ANNÉE PERSONNELLE 1.
Voir année personnelle 1 et année personnelle 3.

ANNÉE PERSONNELLE 3 ET ANNÉE PERSONNELLE 2.
Voir année personnelle 2 et année personnelle 3.

ANNÉE PERSONNELLE 3 et ANNÉE PERSONNELLE 3.
Les deux épicuriens.
À la condition que le 3 n'apparaissent pas à plusieurs reprises, soit dans la personnalité, l'intérieur ou de chemin de Vie, voici de quoi se rencontrer et profiter ensemble des plaisirs de la vie. Le seul danger consiste à ce que les expressions, les curiosités, la soif de plaisirs ne s'additionnent trop. Moderato cantabile ! Et puis, gare aux indigestions...
Pourtant l'amour est à portée des sens. Avec un bon thermostat, quelle bonne chaleur !
Envies, séduction, caprices, hédonisme, éparpillement...
Instabilité potentielle, sans nier la possibilité d'une belle rencontre possible.

ANNÉE PERSONNELLE 3 et ANNÉE PERSONNELLE 4.
Le jouisseur et le consciencieux.
Rien, dans ces deux climats, ne semble momentanément propice à un rapprochement durable. Trop tard ou trop tôt. Mieux vaudrait attendre un peu...
Nous avons une année d'ouverture, voire de dilettantisme, en regard avec une année de labeur et de devoirs. Les rythmes actuels diffèrent tant qu'on ne saurait encourager un investissement affectif, d'autant plus que l'année 3 actuelle se trouvera en 4 l'an prochain...

À force de s'assécher, le duo peut devenir cassant. Rigueur, antagonismes, retraits, blocages, contraintes. Sauf si le 4 stabilise le 3 ou si des rapports profonds, plus intellectuels ou spirituels ne s'instaurent.
Ambiance floue, incertaine.

ANNÉE PERSONNELLE 3 et ANNÉE PERSONNELLE 5.
Le sensuel et le sexuel.
Voici deux aspects favorables, vivants, ouverts, disponibles. Il reste à souhaiter que leurs curiosités iront se satisfaire ensemble et non séparément, du moins en ce moment.
Le renouveau de l'année 5 alimente la créativité de la 3. Qui sait, même, si un bébé ne pourrait pas s'annoncer ? Ce sont là des rapports enrichissants, agréables, aptes à communiquer, à dialoguer, à progresser et à améliorer. Force, puissance dans ce couple. De quoi s'aviver. La bonne entente devrait régner et les litiges éventuels s'apaiser.
Mais attention à une tendance aventureuse, aux coups de canif…

ANNÉE PERSONNELLE 3 et ANNÉE PERSONNELLE 6.
Le bon vivant et l'affectif.
Il s'agit de l'un des meilleurs moments qui soient pour se rapprocher, se plaire, s'accorder et former un tandem complémentaire.
Dans la corbeille annuelle on trouve de l'amour, de la tendresse, les plaisirs partagés, une grande compréhension, avec un ciel esthétique et des fleurs sous les pas. Les années se combinent dans un certain idéal, des sensibilités harmonieuses. Que ferait la 3 sans son double, la 6 ? Rencontre, union, bonheur au programme temporel, pour l'instant.
Vivent les fiancés ou les mariés !

ANNÉE PERSONNELLE 3 et ANNÉE PERSONNELLE 7.

Le sybarite et le Bernard l'hermite.

L'année 3 s'extravertit, la 7 se replie sur elle-même. L'une sort, échange quand l'autre réfléchit loin du monde et du bruit. La désynchronisation est assez forte pour faire preuve de circonspection. Le baromètre afficherait "temps variable avec ondées passagères".

Pour qu'un accord se produise, il faudrait que le 3 atténue son côté vivant, pétillant et que le 7 arrive à accepter les différences. Aïe... Les climats sont tellement dissemblables en ce moment... Le pessimiste contre l'optimiste, en somme.

Revirements, mobilité en vue. Ils se contrarient. Les amitiés et les échanges intellectuels sont nettement privilégiés. Parfois, cet aspect peut signaler une rencontre inattendue. Quant à sa durée de vie...

ANNÉE PERSONNELLE 3 et ANNÉE PERSONNELLE 8.

Le libertin et le passionné.

C'est un accord mouvant que celui entre deux climats, le 3 disert, sociable, et le 8 monolithique, entier. On pourrait craindre des crises, de part et d'autre.

Sur le plan matériel ou professionnel, les augures semblent favorables. Qu'advient-il de l'affectif ? L'un a besoin de sortir, de voir du monde, de rencontrer d'autres personnes, de découvrir d'autres centres d'intérêt. L'autre, les pieds bien sur terre, considérera le partenaire comme futile ou superficiel.

Il peut advenir des rapports de force. Les influx rimeraient avec centrale électrique. Certes, aura, autorité, magnétisme se mêlent, mais il ne faudrait ni s'emballer ni croire les promesses, pas plus les siennes que celles des autres.

ANNÉE PERSONNELLE 3 et ANNÉE PERSONNELLE 9.

Le voluptueux et l'oblatif.

Un très bon accord peut jaillir de cette rencontre. Les ambiances sont propices à une complémentarité riche d'entente. À eux deux, ils peuvent se remettre en cause et repartir ensemble sur des bases plus saines. Un bon point. Toutefois, on peut craindre une certaine instabilité émotionnelle. L'année 3, un peu frivole, aura tendance à s'appuyer sur une 9 compréhensive, à la condition de ne pas dépasser certaines limites. La 9 s'inquiète, affamée de tendresse. La 3 s'avère plus légère, quitte à ce que la vie de couple passe au second plan. Quelle erreur !

Si l'intensité se jugulait, les relations poseraient moins de problèmes, en dépit de quelques réactions à fleur de peau... Dans cette configuration, il peut s'agir d'un accord avec une personne d'origine étrangère.

Mais le bateau va tanguer.

La synchronicité avec l'année personnelle 3 : 6.
Les opportunités avec l'année personnelle 3 : 1, 5.
L'hypothèse avec l'année personnelle 3 : 2.
Les différences avec l'année personnelle 3 : 4, 7, 8.
L'antagonisme avec l'année personnelle 3 : 3.

QUEL EST LE CLIMAT GÉNÉRAL D'UNE ANNÉE 4 ?
"Une femme commence par résister aux avances d'un homme ; ensuite, elle l'empêche de s'enfuir." **Oscar Wilde. De l'importance d'être constant. (1895).**

Je m'efforce.
Il n'est pas temps de musarder. L'instant se consacre au travail, à la gestion, à la rigueur, au mérite et au devoir. Rien de facile. Tout se bâtit peu à peu, quitte à peiner, à connaître quelques déceptions, mais sans fantaisie. Il convient de se montrer discipliné, ordonné, logique afin de dépasser un sentiment de frustration fréquent. Il faut se soumettre à une monotonie parfois pesante. On peut, hélas, quelquefois s'attendre à des problèmes sentimentaux qui risquent de tourner à la rupture, bien que cela puisse s'avérer ultérieurement un mal pour un bien. Mieux vaut ne rien changer, ne rien modifier. À chaque jour suffit sa peine. Vous connaissez les trois petits cochons ? Eh bien, la première cabane en roseau, pas plus que celle en bois n'ont de place ici. Seule celle qui se construit sur des fondations, avec du ciment et des briques, permettra une évolution proche. Il ne faut rien laisser au hasard, mais faire en temps et en heure ce qui doit être fait et, de frustrante, l'année deviendra récompense, un peu plus tard.

Quelle chanson peut-on fredonner ?
Les tous petits détails, d'Étienne Roda-Gil, chanté par Julien Clerc.

LES ACCORDS AVEC L'ANNÉE PERSONNELLE 4.

ANNÉE PERSONNELLE 4 ET ANNÉE PERSONNELLE 1.

Voir année personnelle 1 et année personnelle 4.

ANNÉE PERSONNELLE 4 ET ANNÉE PERSONNELLE 2.

Voir année personnelle 2 et année personnelle 4.

ANNÉE PERSONNELLE 4 ET ANNÉE PERSONNELLE 3.

Voir année personnelle 3 et année personnelle 4.

ANNÉE PERSONNELLE 4 et ANNÉE PERSONNELLE 4.

Les deux tatillons.

Deux climats aussi rigoureux, limitatifs, contraignants mis en rapport ne peuvent qu'engendrer frustrations et manques. Personne ne dispose de temps libre pour penser à autre chose qu'au devoir à accomplir. Un certain immobilisme semble imprégner les deux parcours.

Si jamais pareil cas de figure vous arrivait, pensez plutôt à rechercher un nouvel équilibre, à ne pas durcir vos rapports, à essayer de prendre du recul l'un par rapport à l'autre.

Sinon, contraintes, blocages, attente, statisme et stagnation endommageraient une quête affective nouvelle.

Maintenant, s'ils veulent s'enterrer…

ANNÉE PERSONNELLE 4 et ANNÉE PERSONNELLE 5.

L'escargot et le sprinter.

Les deux courants sont opposés, contraires, antinomiques. Qu'ajouter de plus sinon qu'il vaudrait mieux attendre quelque temps ? Les circonstances ne se prêtent guère à la compréhension. Qui va se libérer, profiter de son indépendance ? Qui va s'acharner, tenter de cons-

truire de nouvelles fondations ? L'un aura tendance à se reposer sur le sérieux de l'autre, lequel ne verra que futilités dans les actes de son co-passager. L'année 4 devra respecter les habitudes, mener une vie réglée, alors que la 5 ruera dans les brancards, la dent dure et les envies immédiates prévalant. Cet assemblage créera une grande hyperémotivité, dans le cadre d'une quête perpétuelle. Des rafales de vent tourbillonnant vont balayer leurs éventuelles bonnes intentions.
Étant donné cette instabilité ambiante, rien de sûr ni de durable, même si une rencontre survenait dans le cadre du travail.

ANNÉE PERSONNELLE 4 et ANNÉE PERSONNELLE 6.
Le maniaque et le langoureux.
Le moment est difficile, surtout à cause de l'année 4. Néanmoins, avec des concessions de part et d'autre, les courants peuvent élaborer des projets en commun.
Il faut considérer les deux moments. Le 4 fournit de gros efforts à la fois pour travailler et pour améliorer un équilibre affectif vers lequel il tend avec volonté. Le 6 peut en bénéficier, à la condition de ne pas fourrer son nez dans les affaires de l'autre, de vouloir le conseiller à tout prix. Chacun son rôle et sa place.
Ente eux, la roue tourne. Oxygène ou force 4 ?
Il faudrait tabler sur une bonne complémentarité faite de compréhension et de respect. Alors, tout peut tendre vers l'équilibre et l'entente.

ANNÉE PERSONNELLE 4 et ANNÉE PERSONNELLE 7.
Le formaliste et le circonspect.
Rapport mouvant, difficile, bien que les deux moments aspirent à la même pérennité. Mais les ambiances demeu-

rent restrictives pour le 4, sélectives pour le 7...
Le problème majeur réside dans le manque de communication. Les deux années ont tendance à faire se refouler les sentiments, à protéger leur sensibilité. L'imperméabi-lité ne les rend guère ni disponibles ni ouvertes. Et puis, le 4, de gré ou de force, va devoir essentiellement se consacrer à son labeur, alors que le 7 aura tendance à réfléchir, à ruminer, sans suites concrètes.
Sera-ce rapport de force ou duel ? Une entente reste peut-être possible, mais rien de bien fulgurant.

ANNÉE PERSONNELLE 4 et ANNÉE PERSONNELLE 8.
L'exact et l'exigeant.
C'est un moment rare pour l'année 4. Seul un 8 peut en effet lui correspondre pour réaliser et formaliser une entente fiable et solide. Évidemment, les aspects matériels prédominent. Le 4 va rassurer, préparer le terrain pour un 8 progressiste. Ce dernier aura tendance à se développer alors que le 4, plus raisonnable, pèsera un peu lourd. Il leur faut échanger leurs énergies propres, transfuser leurs capacités, et surtout, surtout, ne pas casser les cordes de leurs violons. Il ne doivent pas se frustrer de leur affection s'ils veulent vivre ensemble, quitte à en passer par de petits examens de conscience.
Conflits et tensions les guettent avec cependant une possibilité de raccommodage. Le domaine matériel importe trop pour être vraiment disponible.

ANNÉE PERSONNELLE 4 et ANNÉE PERSONNELLE 9.
Le minutieux et le rêveur.
Les horizons divergent tant, les événements sont tellement différents que l'on ne saurait parier à coup sûr sur une entente facile, ni durable.
L'année 9 a déjà franchi bien des étapes. Elle vibre, idéa-

liste, dégagée des conditions purement matérielles. Elle quête un peu l'"inaccessible étoile". L'année 4, quant à elle, 4 doit affronter les rigueurs matérielles. Son esprit devient momentanément plus méthodique, discipliné, pragmatique et réservé. La 9 voit loin, pas la 4 qui a le nez dans le quotidien.
Ils risquent de tout raser, de ne pas se comprendre. Les désaccords, les litiges menacent.
Pas facile, ou alors, il faut concéder, beaucoup...

Les opportunités avec l'année personnelle 4 : 8.
Les hypothèses avec l'année personnelle 4 : 2, 7.
Les différences avec l'année personnelle 4 : 3, 5, 6, 8, 9.
Les antagonismes avec l'année personnelle 4 : 1 et 4.

QUEL EST LE CLIMAT GÉNÉRAL D'UNE ANNÉE 5 ?

"To bed or not to bed." **Françoise Parturier. Les Lions sont lâchés. (1955).**

Je change.

On peut ouvrir les fenêtres, faire entrer un air neuf. C'est le temps du changement, de la nouveauté, du progrès et de la liberté personnelle. L'étau de l'an dernier se desserre. On bouge, on remue, on transforme, et tout semble s'affranchir. Finie la routine. Le passé se trouve derrière. Vive la nouveauté, sous tous ses angles, même de vision. C'est le cas, mais les effets risquent d'avoir la vie plus ou moins brève. Tout peut changer si l'on accepte les imprévus, si l'on échange, si l'on saisit les opportunités. On peut, on doit changer de cap, mais voilà qui va restreindre le bonheur des détenteurs d'une année 5, à la condition de faire preuve d'un peu de discernement et de lutter contre des pulsions immédiates, souvent un peu irresponsables. Les appétits, le goût du risque pourraient dérégler cette marche en avant. Autant profiter de ces tendances, mais sans abus ! L'envie de vivre, la curiosité, l'adaptabilité sont des atouts. Encore vaut-il mieux ne pas commettre d'infraction à la limitation de vitesse.

Quelle chanson peut-on fredonner ?

Je suis comme je suis, de Prévert et Kosma, chanté par Juliette Gréco.

LES ACCORDS AVEC L'ANNÉE PERSONNELLE 5.

ANNÉE PERSONNELLE 5 ET ANNÉE PERSONNELLE 1.
Voir année personnelle 1 et année personnelle 5.

ANNÉE PERSONNELLE 5 ET ANNÉE PERSONNELLE 2.
Voir année personnelle 2 et année personnelle 5.

ANNÉE PERSONNELLE 5 ET ANNÉE PERSONNELLE 3.
Voir année personnelle 3 et année personnelle 5.

ANNÉE PERSONNELLE 5 ET ANNÉE PERSONNELLE 4.
Voir année personnelle 4 et année personnelle 5.

ANNÉE PERSONNELLE 5 et ANNÉE PERSONNELLE 5.
Les bohémiens.
Ça bouge ! Si le dosage se crée, pas de problème ! Chacun modifiera le passé, transformera sa vision, provoquera des changements. Ce peuvent être déménagement, voyage, changement d'habitudes de vie, mutation, amélioration de l'habitat, nouvelles relations… Vive l'aventure !
Si des tensions passagères pointaient, on trouve surtout la possibilité d'une rencontre essentiellement sensuelle, sans engagement… Une grossesse appartient au possible dans ce contexte particulier. Qu'ajouter ? Que si les relations marchaient hier clopin-clopant, la fin s'approche. Que si les appels physiques trouvent un écho chez l'autre, ce sera étourdissant. Toutefois, malgré ce diapason, il convient de se méfier de perturbations éventuelles provenant des pulsions irréfléchies. Bouffées d'oxygène ou vent déchaîné ?

ANNÉE PERSONNELLE 5 et ANNÉE PERSONNELLE 6.
L'incontrôlable et l'aimant.
Une rencontre peut se présenter, mais ce n'est pas à dire vrai le meilleur moment, tant les ambiances tirent à hue et à dia.
Si le vagabondage quelque peu frivole de l'année 5 arrivait à sécuriser la 6, peut-être, avec une attirance physique fréquente qu'on ne peut mésestimer... Mais la première se trouve en phase de transformation. Elle a besoin d'une forte autonomie. Or l'année 6 demande présence, réconfort, tendresse. Elle aura du sexe et des absences. Il faudrait qu'elle se libère des contraintes familiales éventuelles et fasse preuve de conciliation.
Il risque de se produire des rapports de force.
C'est plus superficiel et temporaire que stable.

ANNÉE PERSONNELLE 5 et ANNÉE PERSONNELLE 7.
Le polisson et l'agoraphobe.
Là, rien ne semble correspondre réellement. Les moments sont trop dissemblables pour miser sur le couplé gagnant. Un météore, l'année 5, vient brutalement jeter une lumière crue dans l'antre solitaire de la 7. Quel intrus ! Cette agitation, ce remue-ménage ne font qu'accentuer les différences. Le 7 souhaite le calme, il aura du mouvement. Il veut du calme, il connaîtra des va et viens. Ce seront très vite reproches, critiques et... départ. De quoi creuser des vagues profondes dans une mer que le 7 souhaiterait calmée.
Bien que l'ambiance puisse se rasséréner, attention aux risques de querelles ou de décisions impulsives.
Un avis : les amitiés semblent plus sereines.

ANNÉE PERSONNELLE 5 et ANNÉE PERSONNELLE 8.

Le léger et le pesant.

Ici encore, la liberté de l'année 5 va se heurter à l'intransigeance de la 8. La première se montre quelque peu désinvolte, agitée. L'autre exige analyse, pragmatisme, construction. Qui se sentira prisonnier ou mis dans une cage étroite ? Les circonstances divergent, les événements s'opposent. Mieux vaut s'abstenir, pour l'instant, bien qu'une transfusion d'énergie puisse s'avérer bénéfique. Mais les heurts, les incompréhensions, les antagonismes et les réactions excessives risquent fort de l'emporter.

Table rase entre eux. Les protagonistes donneront un coup de balai mutuel. Absolutisme, extrémisme vont s'affronter.

Ça va tanguer, puis sombrer…

ANNÉE PERSONNELLE 5 et ANNÉE PERSONNELLE 9.

La licence et l'offrande.

Les découvertes, les vastes horizons inconnus, les appétences peuvent fort bien se conjuguer de manière intéressante. L'impulsivité de l'année 5 ajoutée à l'idéalisme de la 9 feront que le tandem prendra un envol certain. Ni logique, ni raison ni conscience matérielle ne sont d'actualité. Ce un handicap dans la vie n'en constitue pas un pour le duo lui-même.

Tout est permis au 5 et le 9 ouvre bras et cœur. Cette rencontre est à encourager, en pondérant l'autonomie du 5 et en favorisant le dialogue de manière à bien définir ses besoins profonds et ses objectifs. Tempérance, patience, nous avons ici des vases communicants, utiles l'un à l'autre.

Encore faut-il que la relation passionnelle ne devienne

pas instable pour cause d'autonomie libertine du 5... Mais la relation reste possible, surtout avec une personne d'origine étrangère.

La synchronicité avec l'année personnelle 5 : 1, 5, 9
Les opportunités avec l'année personnelle 5 : 2, 3,
L' hypothèse avec l'année personnelle 5 : 7.
Les différences avec l'année personnelle 5 : 4, 6, 8.

QUEL EST LE CLIMAT GÉNÉRAL D'UNE ANNÉE 6 ?

"Qui aime bien chatouille bien." **Charles Morellet. Calembredaines. (1952).**

J'ai le cœur qui bat.

C'est l'année des ajustements et des responsabilités, surtout d'ordre privé et familial, le meilleur moment si l'on cherche l'âme-sœur. La quête d'harmonie l'emporte. On aspire à se créer un environnement selon ses désirs, essentiellement affectifs. En sachant concilier, avec le sens de la médiation et de la conciliation, en harmonisant ses besoins avec ceux d'autrui, en témoignant de chaleur sans tension intérieure, aucun obstacle ne devrait se dresser. Sans se prendre ni pour un martyr ni pour un maître, les circonstances peuvent amener des réponses à la demande affective. Oui, l'immobilier, les finances semblent protégés, mais là n'est pas le propos. Toutefois, l'année apporte, selon les actes commis, l'union ou la séparation, l'entente ou la rupture.

Tout dépend de la situation du voyageur, célibataire ou marié, et de son état affectif antérieur. Il faut donc se montrer disponible, concilier, être prêt(e) à servir. Cela peut s'avérer plus gratifiant que pénible.

Quelle chanson peut-on fredonner ?

J'ai ta main dans la main, de Charles Trenet.

LES ACCORDS AVEC L'ANNÉE PERSONNELLE 6.

ANNÉE PERSONNELLE 6 ET ANNÉE PERSONNELLE 1.
Voir année personnelle 1 et année personnelle 6.

ANNÉE PERSONNELLE 6 ET ANNÉE PERSONNELLE 2.
Voir année personnelle 2 et année personnelle 6.

ANNÉE PERSONNELLE 6 ET ANNÉE PERSONNELLE 3.
Voir année personnelle 3 et année personnelle 6.

ANNÉE PERSONNELLE 6 ET ANNÉE PERSONNELLE 4.
Voir année personnelle 4 et année personnelle 6.

ANNÉE PERSONNELLE 6 ET ANNÉE PERSONNELLE 5.
Voir année personnelle 5 et année personnelle 6.

ANNÉE PERSONNELLE 6 et ANNÉE PERSONNELLE 6.
Les deux câlins.
Tous deux attendent le bonheur, le prince charmant, ou sa sœur... Le moment peut favoriser la rencontre, un investissement affectif débordant, mais pour combien de temps ? Les qualités affectives ne sont pas en cause, mais bien plutôt la nécessité d'assumer quelques responsabilités tout comme de petits sacrifices. Dès le départ, cela peut rafraîchir l'atmosphère. L'émotivité exacerbée, une analyse de la situation, la peur de se tromper, tout cet ensemble peut fragiliser la relation, quitte à la faire rompre. Des revirements sont à craindre. Trop d'identité commune, trop de besoins identiques sans que l'autre amène une différence vitaminante.

Malgré les soucis, une issue positive reste envisageable, mais il faudra bien des concessions et en rabattre sur un perfectionnisme outrancier.

ANNÉE PERSONNELLE 6 et ANNÉE PERSONNELLE 7.
L'ardent et le solitaire.
L'accord momentané semble difficile à concrétiser. Non pas qu'il y ait aucune similitude, mais plutôt à cause de changements, de blocages et de perfectionnisme qui rendent l'entente plus que fluctuante. L'année 6 se situe sur un plan affectif, la 7 sur un plan intellectuel. Elles pourraient se compléter, s'équilibrer, à condition que des échanges alimentent leurs rapports. Qui saurait résister à l'amour d'un 6 ? Peut-être un 7, dans sa tour d'ivoire... Parfois, il peut s'agir d'une rencontre inattendue...
On écrête ou on se complète ? Que choisir ? Mouvance, silences, crises...
Non, mieux vaut ne pas s'investir.

ANNÉE PERSONNELLE 6 et ANNÉE PERSONNELLE 8.
L'amant(e) et son maître.
Si ces deux ambiances arrivent à se fixer et à se pondérer, la 6 avec son besoin de sécurité et son affectif en éveil, la 8 avec sa nécessité de bâtir et de vaincre, ce peut devenir viable. Mais il est à craindre que les influx ne s'opposent, et parfois violemment... Quand donc le 8 daignera-t-il donner des témoignages d'affection qui lui paraissent a priori un peu mièvres ? Et le 6 peut alors se rebeller et devenir agressif, pour cause de manque.
Nécessité de se tempérer. Rien de bien facile.
Il existe un risque de séparation ou d'éloignement, ne serait-ce que temporaire. La réconciliation resterait possible si chacun mettait de l'eau dans son vin, mais...

ANNÉE PERSONNELLE 6 et ANNÉE PERSONNELLE 9.

L'amoureux et l'idéaliste.

Rien que par leur graphisme inversé, déjà ils se complètent. Ce qu'ils ont en commun ? Le cœur. Si l'un et l'autre savent ce qu'ils veulent vraiment, au lieu de se cantonner dans ce qu'on ne veut pas, oui. S'ils consentent un minimum d'efforts pour arriver à une fusion sensible, éloignant quiproquos ou frustrations ressenties, encore oui. Les vibrations temporaires réagissent à un même diapason, quitte à ce que ce soit avec une personne d'origine étrangère pour certain(e)s.

Avec des pulsions canalisées, une force instinctive maîtrisée, l'osmose au programme. Hélas, comme on ne doit rien engager en année 9, on peut craindre des basses pressions, et une séparation éventuelle à venir.

La synchronicité avec l'année personnelle 6 : 3, 9.
L'opportunité avec l'année personnelle 6 : 2.
L'hypothèse avec l'année personnelle 6 : 1.
Les différences avec l'année personnelle 6 : 4, 7, 8.
Les antagonismes avec l'année personnelle 6 : 5, 6.

QUEL EST LE CLIMAT GÉNÉRAL D'UNE ANNÉE 7 ?

" – Est-ce que je ne vous ai pas rencontrée à Zanzibar ?
Non, je n'ai jamais été à Zanzibar.
Moi non plus. Il doit s'agir de deux autres personnes." **Tony Mayer. L'Humour anglais. (1961).**

J'attends.
Cette année se tourne vers la réflexion, la sélection, la recherche, l'introspection. Tout semble se ralentir. Les projets connaissent délais ou blocages. Contraint ou non, le voyageur traverse des moments de solitude, dans le calme et le silence. Le mûrissement précède toujours la récolte... On prend du recul, se situant par rapport au passé. La vie intérieure se développe. On a tendance à s'isoler, à peu communiquer. Il faut approfondir, faire le point, savoir patienter et ne pas succomber à quelque forme de doute ou de dépression que ce soit. Certaines relations peuvent s'effriter, des problèmes affectifs survenir. Il convient, autant que possible, d'user de prudence et de lucidité, sans s'occuper du matériel, complètement hors de propos. En revanche, les imprévus peuvent se révéler positifs. Sauf s'il s'agit d'une relation passée ou présente, aucun investissement affectif ne saurait durer bien longtemps. Seules les amitiés, sélectives ou électives, bénéficient de circonstances favorables.

Quelle chanson peut-on fredonner ?
Les copains d'abord, de Georges Brassens.

LES ACCORDS AVEC L'ANNÉE PERSONNELLE 7.

ANNÉE PERSONNELLE 7 ET ANNÉE PERSONNELLE 1.
Voir année personnelle 1 et année personnelle 7.

ANNÉE PERSONNELLE 7 ET ANNÉE PERSONNELLE 2.
Voir année personnelle 2 et année personnelle 7.

ANNÉE PERSONNELLE 7 ET ANNÉE PERSONNELLE 3.
Voir année personnelle 3 et année personnelle 7.

ANNÉE PERSONNELLE 7 ET ANNÉE PERSONNELLE 4.
Voir année personnelle 4 et année personnelle 7.

ANNÉE PERSONNELLE 7 ET ANNÉE PERSONNELLE 5.
Voir année personnelle 5 et année personnelle 7.

ANNÉE PERSONNELLE 7 ET ANNÉE PERSONNELLE 6.
Voir année personnelle 6 et année personnelle 7.

ANNÉE PERSONNELLE 7 et ANNÉE PERSONNELLE 7.
Les deux silences.
Exigences, sélectivité, perfectionnisme identiques forment des points de ressemblance, pas un tissu de circonstances encourageantes pour débuter un accord durable.
Chacun s'abîme dans ses pensées. Si des questions concrètes ou matérielles surviennent, une tension peut prendre la place d'une sérénité souhaitée. On se sent seul, incompris. Mais comment dialoguer avec quelqu'un d'aussi laconique que soi ?
Le transvasement s'avère aléatoire. L'accord éventuel des deux années paraît malaisé, ressemblant à une douche

froide. Peu d'échanges et de communication. Avec ce besoin de s'isoler, de faire le point, de prendre du recul, quel partage peut-on espérer ?
Dans le meilleur des cas, il s'agira d'un calme plat...

ANNÉE PERSONNELLE 7 et ANNÉE PERSONNELLE 8.
Le prudent et l'ambitieux.
Rien ne rapproche ces deux ambiances dont les vibrations se situent aux antipodes. Le moment est un des plus malaisés pour une entente.
L'année 7 oblige à user de fonctions intellectuelles, voire spirituelles, totalement antinomiques avec le matérialisme inhérent à une année 8. Les circonstances divergent complètement. Dès lors, le dialogue pose problème. Au contraire, des antagonismes et des tensions menacent. Indépendance du 7 contre autoritarisme du 8, une forme de rivalité s'instaure. À moins que l'un ou l'autre ne plie, sans rompre... Mais qui ?
Violence potentielle, chaînes ressenties, le barrage va céder... Un accord passionnel reste possible, mais sans grande durée prévisible. La famille peut poser problème.

ANNÉE PERSONNELLE 7 et ANNÉE PERSONNELLE 9.
Le solitaire et l'ermite.
Les climats respectifs peuvent se rejoindre, sur le plan des idéaux, de la communauté de pensée, des intellects et de la qualité des échanges. Cet aspect paraît favorable, bien que confus. Le trouble provient des aspirations respectives, intellect contre émotivité, réflexion contre idéalisme.
Tous deux devraient jeter un regard sur hier, faire le point ou un bilan sur les positions passées. Prioritairement, il faudra échanger, exprimer ses sentiments, comprendre les besoins de l'autre.

Après un passage ou un rodage éventuellement assez rude, ils comprendront la leçon. Les idées bouillonnent, sans grand sens pratique pour le moment. Ne mésestimons pas les risques de séparation, de conflits, de litiges et de blocages, à moins que les idéaux ne se partagent. Mais ce serait plus facile en amitié qu'en amour.

L' opportunité avec l'année personnelle 7 : 9.
Les hypothèses avec l'année personnelle 7 : 4, 5.
Les différences avec l'année personnelle 7 : 1, 2, 3, 8.
Les antagonismes avec l'année personnelle 7 : 6 et 7.

QUEL EST LE CLIMAT GÉNÉRAL D'UNE ANNÉE 8 ?

"JALOUSIE – Se réclame de l'amour, alors qu'elle ne relève le plus souvent que l'amour-propre... ou même de l'amour propr...iétaire." **Gérard de Rohan-Chabot. Définissons, "Petit Littré du lettré". (1944).**

Je récolte.

Il est temps de passer aux actes, de combattre et de concrétiser. Il faut réaliser et se réaliser, saisir les opportunités pour affirmer sa réussite potentielle. Saison de récolte, pendant laquelle on cueille des fruits juteux ou alors on peut craindre des intérêts à payer sévèrement. Année du tout ou rien, tout dépend de soi, des actes passés, de son équilibre. Il faut prendre la direction des événements, en évitant tout excès, toute démesure, tout abus d'autorité. Promotion et réussite se présentent si l'on reste dans le droit fil avec lucidité et mesure, sanction, revers si l'on commet des infractions. Le domaine matériel l'emporte, avec une fougue à tempérer, car l'air est aussi aux coups de foudre possibles ou aux rencontres... lucratives...

Le voyageur doit affronter, et résoudre, les problèmes matériels ou financiers. Dans ces conditions, le cœur a peu de place dans cette ambiance, si ce n'est sous un jour explosif, totalitaire, possessif et exclusif. Mais au moins, on le sait !

Quelle chanson peut-on fredonner ?

Ah, si j'avais des sous, de Gilbert Bécaud.

LES ACCORDS AVEC L'ANNÉE PERSONNELLE 8.

ANNÉE PERSONNELLE 8 ET ANNÉE PERSONNELLE 1.
Voir année personnelle 1 et année personnelle 8.

ANNÉE PERSONNELLE 8 ET ANNÉE PERSONNELLE 2.
Voir année personnelle 2 et année personnelle 8.

ANNÉE PERSONNELLE 8 ET ANNÉE PERSONNELLE 3.
Voir année personnelle 3 et année personnelle 8.

ANNÉE PERSONNELLE 8 ET ANNÉE PERSONNELLE 4.
Voir année personnelle 4 et année personnelle 8.

ANNÉE PERSONNELLE 8 ET ANNÉE PERSONNELLE 5.
Voir année personnelle 5 et année personnelle 8.

ANNÉE PERSONNELLE 8 ET ANNÉE PERSONNELLE 6.
Voir année personnelle 6 et année personnelle 8.

ANNÉE PERSONNELLE 8 ET ANNÉE PERSONNELLE 7.
Voir année personnelle 7 et année personnelle 8.

ANNÉE PERSONNELLE 8 et ANNÉE PERSONNELLE 8.
Ou trop, c'est trop.

Aucune concession, aucune modulation, c'est brut de décoffrage. Tout réclame force, énergie. Cette confrontation se prête davantage aux explosions qu'à un traité de paix.

Rien ou bien peu pourraient résister à ce tandem, si ce ne sont les protagonistes eux-mêmes. Les notions de solidarité, de compréhension, de tendresse n'appartiennent pas à l'actualité. C'est tout, tout de suite, et à sens unique. Ils risquent d'engendrer leur propre châtiment. Cela

évoque un puits de mine avec ses coups de grisou. Orage en perspective, avec coup de foudre, dont on connaît les effets...
Instabilité assurée. Trop d'intolérance et de dureté réciproques.

ANNÉE PERSONNELLE 8 et ANNÉE PERSONNELLE 9.
Le matérialiste et l'utopiste.
Les climats, les objectifs semblent tellement divergents que chacun risque d'investir sur un élan déraisonnable et de s'en sortir avec, au moins, des bleus à l'âme... Non, pas vraiment !
Vous mettez en présence une année nécessairement axée sur le domaine matériel et une autre que cela ne concerne pas du tout, entièrement portée vers un idéal sensible et altruiste. La 9 ne comprend pas qu'on puisse passer son temps dans ses livres de compte. La 8 ne supportera pas l'inactivité apparente de l'autre.
Des espérances existent, s'ils prennent du temps pour eux deux, mais on peut craindre qu'ils n'aillent plutôt vers la dilution, créant une sorte de no man's land.
Si des objectifs se partagent, il peut exister une construction en commun, mais c'est loin d'être gagné.

Les opportunités avec l'année personnelle 8 : 2, 4.
L'hypothèse avec l'année personnelle 8 : 7.
Les différences avec l'année personnelle 8 : 1, 3, 6, 9.
Les antagonismes avec l'année personnelle 8 : 5 et 8.

QUEL EST LE CLIMAT GÉNÉRAL D'UNE ANNÉE 9 ?

"Rêver, c'est dormir avec des illustrations dans le texte."
Eugenio d'Orsy Rovira (1882-1954).

Je songe…
Aboutissement ou conclusion, il n'est plus temps de débuter quoi que ce soit. Il peut même advenir un achèvement un peu douloureux, surtout sur le plan affectif. Les actions antérieures arrivent à leur terme. Comme dans tout bilan, il y a une colonne pour le passif et une pour l'actif. Des horizons, notamment ouverts sur l'étranger, la création, la transmission se développent. En réalité, on amorce une mue. Il faut terminer ce qui est en cours et ne rien entreprendre de nouveau. On doit se transformer, quitter, nettoyer, purger, labourer afin de pouvoir ressemer et recommencer un nouveau cycle de neuf ans l'an prochain, sur une terre bien préparée. C'est en éliminant les scories, en se débarrassant du superflu, quitte à sacrifier certaines relations, qu'on pourra entreprendre un nouveau départ. Comment voulez-vous faire monter la montgolfière quand on ne jette pas de lest ? Si l'étranger, sous ses formes, peut se présenter au voyageur que ce dernier n'oublie cependant pas qu'il ne doit opérer aucun changement de son propre gré pendant cette année.

Quelle chanson peut-on fredonner ?
La quête, version de Jacques Brel, extrait de *l'Homme de la Mancha*.

LES ACCORDS AVEC L'ANNÉE PERSONNELLE 9.

ANNÉE PERSONNELLE 9 ET ANNÉE PERSONNELLE 1.
Voir année personnelle 1 et année personnelle 9.

ANNÉE PERSONNELLE 9 ET ANNÉE PERSONNELLE 2.
Voir année personnelle 2 et année personnelle 9.

ANNÉE PERSONNELLE 9 ET ANNÉE PERSONNELLE 3.
Voir année personnelle 3 et année personnelle 9.

ANNÉE PERSONNELLE 9 ET ANNÉE PERSONNELLE 4.
Voir année personnelle 4 et année personnelle 9.

ANNÉE PERSONNELLE 9 ET ANNÉE PERSONNELLE 5.
Voir année personnelle 5 et année personnelle 9.

ANNÉE PERSONNELLE 9 ET ANNÉE PERSONNELLE 6.
Voir année personnelle 6 et année personnelle 9.

ANNÉE PERSONNELLE 9 ET ANNÉE PERSONNELLE 7.
Voir année personnelle 7 et année personnelle 9.

ANNÉE PERSONNELLE 9 ET ANNÉE PERSONNELLE 8.
Voir année personnelle 8 et année personnelle 6.

ANNÉE PERSONNELLE 9 et ANNÉE PERSONNELLE 9.
Les deux missionnaires.
Quelle hyperémotivité ! Quels idéaux ! Quelle propension à se dévouer, à apporter, à donner de soi ! C'est magnifique, pour autrui, mais dévitalisant pour soi.
Il faut prendre le balai et nettoyer devant sa porte. Ou alors, les circonstances imposeront ce grand ménage. Le

bilan doit permettre de voir plus clair, de réfléchir aux actions qui ne seront lancées que l'an prochain. Oui, mais que deviennent les deux protagonistes ? Ils connaissent des flux d'émotivité, voguent sur une houle constante, en plein flou artistique. Qu'ils prennent garde à ne pas illustrer le mythe d'Icare ! Attention aux mirages.
Entre eux, aussi dévoués et altruistes soient-ils, il existe des risques de bouleversement ou de troubles, voire de tensions. Éprouvant du mal à vivre pour soi, l'entourage réclamant beaucoup d'attention et de dévouement, ils auront tendance à se vampiriser ou à se faire exploiter. Qu'ils attendent donc un peu !

La synchronicité avec l'année personnelle 9 : 5, 6.
Les opportunités avec l'année personnelle 9 : 1, 7.
Les hypothèses avec l'année personnelle 9 : 2, 3.
Les différences avec l'année personnelle 9 : 4, 8.
Les antagonismes avec l'année personnelle 9 : 9.

FICHE D'ÉTUDE

Nom	**Nom**
Prénom	**Prénom**
Né (e) le	**Né (e) le**
PERSONNALITÉ ☐	**PERSONNALITÉ** ☐
rapport ☐	
INTÉRIEUR ☐	**INTÉRIEUR** ☐
rapport ☐	
GRILLE	**GRILLE**
1	**1**
2	**2**
3	**3**
4	**4**
5	**5**
6	**6**
7	**7**
8	**8**
9	**9**
CHEMIN DE VIE ☐	**CHEMIN DE VIE** ☐
rapport ☐	
ANNÉE PERSO. ☐	**ANNÉE PERSO.** ☐
rapport ☐	

EXEMPLE D'ÉTUDE

Nom **KAMINKER (Signoret)**
Prénom **Simone**
Né (e) le 21. 3. 1921

Nom **LIVI (Montand)**
Prénom **Ivo (Yves)**
Né (e) le 13. 10. 1921

PERSONNALITÉ 4 **travail et maîtrise**

PERSONNALITÉ 8 **réalisation**

rapport 4/8 **très favorable**

INTÉRIEUR 8 **désir de maîtrise**

INTÉRIEUR 6 **adaptation**

rapport 8/6 **rapport malaisé**

GRILLE							**GRILLE**
1	**2**	écoute influençable	+	-	***1***	**0**	égotisme
2	**2**	sensibilité réceptive	+	-	***2***	**0**	peu de diplomatie, colère
3	**0**	sélectivité	-	+	***3***	**1**	expression très personnelle
4	**2**	possessivité	=	=	***4***	**2**	association professionnelle
5	**4**	principes constructifs	+	-	***5***	**0**	expériences, liberté
6	**1**	importance affective	=	=	***6***	**1**	responsabilités de chef
7	**0**	rejet de la hiérarchie	=	=	***7***	**0**	perfectionnisme
8	**0**	aucun équilibre matériel	=	=	***8***	**0**	cigale plus que fourmi
9	**3**	altruisme et générosité	=	=	***9***	**3**	bon cœur, idéalisme

CHEMIN DE VIE 1 réalisation solitaire

CHEMIN DE VIE 9 devoir humanitaire

1/9 *rapport positif*

1951 (mariage)

ANNÉE PERSONNELLE 4 **consolider**

ANNÉE PERSONNELLE 3 **glaner**

4/3 *rapport incertain*

CONCLUSION

Voilà, vous avez des cartes en main. Regardez-les avec soin, prenez une boussole, et restez maître de votre gouvernail. Et puis, *"il faut prendre les gens à très petites doses"* écrivit Emerson dans Les Traits du caractère anglais. Misanthropie ? Non, pas de boulimie. Mieux vaut la qualité que la quantité, non ? C'est en abusant qu'on risque de se faire abuser.

Répétons-le, ces esquisses ne comportent que des éléments d'études élémentaires.
Croquis rapides, ébauches sommaires, repères basiques, j'ai modestement essayé de vous soumettre des aspects essentiels qui devraient vous permettre de mieux cerner un profil ou des appétences, sans jamais juger ni figer. *"L'enfer, c'est juger"* disait Jean Cocteau.
Quant à figer, ce serait ne pas tenir compte de l'évolution de chacun.

Chacun d'entre nous connaît des couples apparemment mal assortis. Vus de l'extérieur, leurs origines, leurs cultures, leurs âges, leurs tailles même, semblent devoir les séparer plus que les unir. Et pourtant, ils partagent leurs existences ! Oublieriez-vous les 30% de libre-arbitre que nous possédons tous ? Omettriez-vous le ciment du temps ? Laisseriez-vous de côté l'adaptation ?
Peut-on vraiment vivre en solitaire ?
"Enfin seul. Et déjà je me demande déjà avec qui" avouait Sacha Guitry.
Au lieu de saluer avec un quelconque "comment allez-vous ?", pourquoi ne pas demander "êtes-vous heureux(se) ?".

En harmonie avec soi, trouver dans l'autre sa ou son complémentaire et non pas son reflet, n'est-ce pas là le principal ?
Seulement, il faut être disponible, chose facile à dire, moins aisé à mettre en pratique, et encore plus, savoir donner et recevoir.
Enfin, il existe l'indicible, car *"on ne voit bien qu'avec le cœur"* a dit Saint-Exupéry dans son immortel *Petit Prince.*

Si vous trouviez quelque humour à ces lignes, remerciez-en les différents auteurs que j'ai pillés lors des différentes citations.

Finalement, *"je ne cherche pas à comprendre pour croire, mais je crois pour comprendre"*, comme Saint Anselme de Cantorbéry dans son Monologium.

J'aimerais terminer sur deux aphorismes de l'un de mes maîtres à penser :
"Donner avec ostentation, ce n'est pas très joli, mais ne rien donner avec discrétion, ça ne vaut guère mieux."
"Personne atteinte d'un strabisme divergent cherche personne atteinte d'un strabisme convergent, pour pouvoir enfin regarder les choses en face."
Merci, Pierre Dac.

Et puissiez-vous trouver, si ce n'est déjà fait, un écho à votre corde sensible.

BIBLIOGRAPHIE

Il s'agit d'une liste partielle, sinon partiale dont je vous soumets les titres.

Numérologie pratique, chez Solar,
Le Guide pratique de la nouvelle Numérologie, d'Alain-Victor Christel, éditions de Vecchi,
Les Nombres et leurs secrets, de Marguerite Savigny-Vesco, aux éditions Bussières,
Numérologie pratique, de Jean Simpson, chez Solar,

en anglais :
Your Days are numbered ,de Florence Campbell,
The romance in your name, de Juno Jordan,
Numerology, the complete guide, de Matthew Oliver Goodwin, Newcastle Publishing C°,
The book of love numbers, de David et Julia Line.

Et, parmi mes différents forfaits,
Les Clefs de votre nom, chez Sand,
Trouvez votre partenaire grâce à la Numérologie, aux éditions Pocket
Le Livre de la Numérologie, paru chez Solar,
Vos Nombres, mode d'emploi, chez Jean-Claude Lattès,
Les Nombres, reflet de l'âme, clef du devenir, chez Dangles
Les Nombres, cours de perfectionnement, éditions Vivez Soleil...
les premiers ouvrages chez Nathan, Solar ou Pocket, étant maintenant épuisés,
avec une infidélité aux nombres, *L'ABC de la Mythologie grecque*, chez Jacques Grancher.

TABLE DES MATIÈRES

Pour les cours sous forme de stages
ou par correspondance, conférences,
un logiciel professionnel,
de calculs uniquement,
avec les biorythmes, études par internet,
vous pouvez contacter l'auteur :

Philippe de Louvigny
La Maison Blanche
41270 DROUÉ
e-mail : de-louvigny@acheloos.org
URL : http://www.acheloos.org/de-louvigny-numerologue

Demandez
notre catalogue gratuit

aux Éditions Vivez Soleil

France : BP 18, 74103 Annemasse CEDEX
Tél. 04 50 87 27 09

Suisse : CP 313, 1225 Chêne-Bourg/Genève
Tél. (022) 349.20.92

e-mail : vivez.soleil@wanadoo.fr

Les Éditions
Vivez Soleil

Beaucoup de gens croient que la maladie survient par hasard et que la santé consiste surtout à vivre comme un ascète en se privant des plaisirs de la vie !

Au fil des livres et cassettes des Éditions Vivez Soleil, une autre vision émerge. Oui, il est possible de sortir de l'ignorance, de la peur et de la maladie sans se priver ni se marginaliser. Oui, la santé, ça s'apprend !

Par une démarche personnelle d'information et d'expériences agréables et intéressantes, chacun peut sortir de la prison des habitudes et trouver l'équilibre du corps, du cœur, de la tête et de l'âme qui mène vers le bien-être, l'enthousiasme, la créativité et le bonheur.

À travers leurs collections *Santé, Développement Personnel*, *L'Age de lumière* et *Perles de l'Ame* les Éditions

Vivez Soleil présentent les moyens les plus efficaces pour gérer sa vie et sa santé avec succès. Elles montrent la complémentarité de toutes les écoles de pensée et œuvrent pour une société plus harmonieuse, plus agréable à vivre, où la compétition est remplacée par la collaboration, le stress par l'humour et l'amour du pouvoir par le pouvoir de l'amour.

Chez le même éditeur

NUMÉROLOGIE ET MIEUX-ÊTRE
François Notter

L'auteur, "numérologue humaniste" renommé, nous offre l'éventail complet de ses travaux et recherches.

Dans ce livre, nous sommes invités à établir notre thème numérologique pour prendre conscience des fondements de notre personnalité et développer la richesse inépuisable de nos ressources intérieures.

Comment ? En établissant d'abord une fine "radioscopie de notre moi intime", de façon à progresser ensuite grâce à des interprétations détaillées et à un ensemble complet d'outils de synthèse.

Pour éclairer notre chemin de vie, mieux se con-naître, mieux se rencontrer… et mieux s'aimer.

L'ATHLÈTE INTÉRIEUR
Dan Millmann

Il y a en chacun de nous un athlète naturel qui ne demande qu'à naître

Ce livre vous montrera comment améliorer vos aptitudes, accélérer votre apprentissage et libérer votre potentiel en transformant l'entraînement en une voie de croissance personnelle et de découverte de soi.

Pour Dan Millman, il s'agit de développer l'équilibre nécessaire, c'est-à-dire d'intégrer le physique, le mental et l'émotionnel. Ces trois éléments réunis sont le gage de la qualité de la performance.

Que vous soyez un sportif de niveau international,

un sportif du dimanche ou un fanatique de la forme, les principes, techniques et exercices présentés dans ce livre vous offriront une approche moins stressante et plus sensée des mouvements qui associent l'entraînement à la vie quotidienne.

Dan Millman est un ancien champion du monde de trampoline. Gymnaste consacré, entraîneur et professeur à l'université, ses écrits ont inspiré des millions de lecteurs.

LE DICTIONNAIRE DES RÊVES
Betty Bethards

Que signifie rêver d'être poursuivi chaque nuit par un monstre ? Faut-il s'inquiéter si l'on rencontre la mort en rêve ? Ou ressentir de la gêne devant un rêve érotique ?

Vous rêvez chaque nuit, même si vous ne vous souvenez pas de vos rêves. Les rêves constituent un moyen formidable de se découvrir, car ils vous donnent la lucidité, la guidance et l'inspiration nécessaires à cette découverte. Tous les rêves – y compris les cauchemars – recèlent des messages positifs. Il vous suffit d'apprendre à déchiffrer le symbolisme onirique pour comprendre ce que vos rêves essaient de vous transmettre.

Cette nouvelle édition augmentée comprend les interprétations de plus de 1650 symboles oniriques, ainsi que des explications sur les rêves récurrents, sur les rêves violents, les rêves prémonitoires, les rêves de serpents, de chute, les rêves érotiques, d'argent, de mort, d'envol et d'autres encore. En outre, vous apprendrez à vous souvenir plus clairement de vos rêves et à découvrir les manières de les utiliser pour résoudre les problèmes de la vie réelle. Si vous ne prêtez pas attention à vos rêves, vous passerez à côté d'un tiers de votre vie !

ENTREZ DANS LA MAGIE
Un pied dans chaque monde
Gill Edwards

Un pied dans chaque monde signifie marcher avec le pied droit fermement ancré dans la réalité concrète du quotidien, pendant que le pied gauche sillonne le monde enchanté par-delà l'espace-temps du chaman, du mystique, du métaphysicien et du visionnaire. En unifiant ces deux mondes en un seul, nous commençons à nous guérir des divisions immémoriales séparant la matière et l'esprit, la terre et le ciel, le masculin et le féminin.

Si les concepts présentés sont nouveaux pour vous, la plus grande partie de ce livre se lira comme de la science-fiction. Il remet en effet en question si radi-calement la validité des hypothèses basées sur notre "bon sens", qu'il pourrait vous paraître absolument fou !

Entrez dans la magie aborde le quotidien d'une façon éminemment pratique. L'ouvrage propose tout un ensemble de techniques applicables à toutes sortes de situations et basées sur la connaissance de la façon dont nous créons notre réalité.

Ce livre est bien plus qu'un ensemble d'idées curieuses accompagnées d'exercices destinés à meubler le vide d'un ou deux dimanches. C'est une façon de vivre – chaque jour, tous les jours. Ce choix peut transformer votre quotidien. C'est le choix de grandir dans l'amour et dans la joie plutôt que dans la peur et dans la lutte. C'est le choix de créer un paradis sur terre, au niveau personnel et global. C'est le choix d'actualiser notre potentiel illimité.

GUIDE PRATIQUE DE L'INTUITION
Introduction de Demi Moore
Laura Day

Intuition. Pressentiment. Sixième sens. Quelle que soit la manière dont vous l'appelez, vous vous en servez chaque jour. Quelle que soit la décision à prendre – quelle sorte de tapis acheter pour le salon, quels vêtements choisir pour une réunion importante, quel accord financier à monter pour le travail – la décision finale provient en partie du côté intuitif de notre esprit.

Laura Day a enseigné à des managers, des analystes financiers, des stars et des docteurs comment se servir consciemment de notre sixième sens caché.

Au contraire de beaucoup de spécialistes qui vous disent que vous devez être né avec un sixième sens, Laura Day nous prouve que toute personne, avec un peu de pratique, peut devenir consciemment intuitive et user de son sixième sens.

Dans son guide pratique de l'intuition, elle nous montre comment ses étudiants ont appliqué ses techniques pour découvrir les incroyables pouvoirs de leurs esprits. Désormais, ils se servent de ces techniques pour s'aider à prendre les décisions nécessaires dans la vie quotidienne et vous pourrez bientôt agir de même.

Avec Laura comme professeur, apprenez :

- à suivre vos pressentiments et contrôler vos passions ;
- à prendre de meilleures décisions ;
- à deviner les autres et mieux les comprendre ;

- à prédire les bonnes stratégies ;
- à être mieux informé sur votre santé ;
- à savoir choisir l'âme-sœur ;
- à comprendre ce que vous souhaitez réellement...

L'ALCHIMIE DE LA PRIÈRE
Terry Lynn Taylor

Nous prions chaque jour d'une façon ou d'une autre. Nous réclamons de Dieu ce dont nous avons besoin dans nos vies, le remercions pour les bienfaits octroyés et souvent prions pour les autres. Quand nous sommes au diapason avec Dieu, nous trouvons un sens et un but à l'existence, qui illumine jusqu'au plus infime choix d'actions et nous permettent de répondre à nos défis de façon créative. Nous sommes dès lors sur un chemin de croissance spirituelle.

Dans *L'alchimie de la prière*, Terry Lynn Taylor offre une vision originale et rafraîchissante de maints aspects de la prière. Elle nous aide à :

- faire de la prière la base de notre vie quotidienne,
- découvrir notre propre manière de prier,
- maintenir une relation personnelle avec Dieu,
- devenir conscient de l'importance de la gratitude,
- créer la sérénité au milieu du rythme effréné de la vie moderne,
- pratiquer la bienveillance.

Terry Lynn Taylor est un auteur de réputation mondiale (*Les messagers de lumière* notamment) qui étudie les lois spirituelles et plus particulièrement l'angéologie. L'alchimie de la prière reflète en substance sa compréhension de ce que les anges veulent nous faire connaître à propos de la prière et de ses pouvoirs de transformation.

LE BONHEUR AUSSI... ÇA S'APPREND
Apprenez à être heureux !
Annie Tricoire

Le bonheur doit être, avant tout, un objectif et une habitude de vie. Nous aspirons tous au bonheur. Nous voulons être heureux mais nous ne savons pas comment nous y prendre. Le bonheur nous paraît être un état tellement imprécis que nous nous demandons si nous pouvons le connaître.

Il paraît donc important de préciser ce qu'est le bonheur. Si on ne sait pas ce que c'est ou ce qu'il doit représenter pour nous, alors comment y arriver ?

Le bonheur est un état d'être qui s'apprend.

Ce livre est là pour vous aider ! Il est constitué de cours, comme à l'école, mais une école particulière, puisqu'il s'agit d'une école du bonheur !

Au fil des pages vous pourrez mettre à jour votre passé, apprendre à vivre votre présent, à bien préparer votre avenir et enfin **trouver votre bonheur**.

Mais ne vous y trompez pas, il n'y a pas de recette miracle ! Il vous sera nécessaire de pratiquer les exercices, de les assimiler, pour arriver à changer certains de vos comportements.

Ce livre vous donne **les outils nécessaires** pour générer, en vous, une dynamique de changement qui vous conduira sur le chemin du bonheur.

COMMENT S'AIMER SOI-MEME
Jean-Francis Crolard

Dès l'enfance, on nous a inculqué tout ce qui nous manque pour être parfait. Résultat : *Au lieu de nous aimer pour ce que nous sommes, nous ne nous aimons pas à cause de ce que nous ne sommes pas !*

Et si par bonheur, nous nous aimons bien, c'est très mal vu : «Narcissisme» nous dira-t-on. La religion chrétienne nous dit bien : «Aime ton prochain comme toi-même», mais elle nous culpabilise dès la naissance, ce qui ne facilite pas les choses ! Alors, comment aimer les autres si "je" ne m'aime pas ? Si "je" ne m'estime pas, comment estimer quelqu'un qui m'estime ?

Pour en sortir, ce livre nous propose un itinéraire : se connaître – s'accepter – s'aimer. Comment ? Prendre conscience des quatre dimensions de notre personnalité : mentale – émotionnelle – sexuelle et corporelle. Cesser de porter inconsciemment sur nos épaules nos ascendants. Se libérer des souffrances de notre passé qui pèsent sur notre présent. Nous réconcilier avec notre corps, dans lequel notre inconscient s'est projeté et réaliser que presque toutes les maladies ont pour cause profonde la somatisation d'un manque d'amour. Connaître et aimer ce qu'il y a de positif en nous. Accepter ce qui est négatif et le transmuter en positif.

LA CHIROLOGIE FACILE
Nassim Saeed Ahmad

La chirologie, ou chiromancie, est un procédé d'analyse de caractère par l'étude des signes de la main. De cette manière, nous pouvons découvrir nos talents et notre potentiel.

Mais la chirologie comporte également une composante visionnaire.

Nous pouvons dire que la chirologie est “l’alphabet” de la main et que la main est le miroir de notre personnalité.

Cet art ancien qui a pratiquement disparu de l’Europe est resté très utilisé en Chine et en Inde. L’auteur, dans un langage simple, de manière progressive et grâce à de nombreuses illustrations, nous explique les principes de cet art.

LE MANUEL DES ÉMOTIONS
Se libérer de la violence et de la répression
Maître Johanne RAZANAMAHAY et Docteur Christian Tal SCHALLER

Notre société est confrontée à de nombreuses formes de violence (guerres, terrorisme, délinquance, conflits sociaux et familiaux, suicides...). De plus, la maladie est souvent la conséquence d’une violence que nous n’exprimons pas mais qui se retourne contre nous. Notre ignorance de nos sous-personnalités inconscientes et des principes simples de la gestion positive des émotions est à l’origine de ces fléaux. Ce livre apporte les moyens de nous guérir individuellement et col-lectivement. Il est le fruit de l’expérience unique d’un couple d’enseignants exceptionnels qui ont montré à des milliers de gens comment vivre dans la conscience, la santé et un **bonheur de chaque instant.**

LES NOMBRES
Cours de perfectionnement
Philippe de Louvigny

Vous vous intéressez à la science des nombres, vous connaissez déjà les aspects essentiels d'un thème numérologique.

Les connaissances de base, succinctement rappelées ici, n'opèrent cependant pas dans tous les coins et recoins nécessaires pour une étude approfondie. Les analyses deviennent plus fines au fur et à mesure que l'on fouille ce domaine. Les données se multiplient, les aspects se diversifient. Personnalité et devenir éclatent en des dizaines de facettes et il faut reconstituer le diamant individuel de manière cohérente.

Cet ouvrage vous propose d'aller plus loin dans les notions et la pratique des nombres et vous donne la totalité des matériaux actuels employés dans ce vaste domaine, si simple en apparence, si complexe et riche en réalité.

Philippe de Louvigny numérologue reconnu s'adresse ici à des amateurs avertis, développe des aspects plus pointus et donne des outils. Vous aurez alors en votre possession tous les éléments nécessaires pour accomplir une recherche sérieuse.

À vous d'expérimenter, de vérifier et de sélectionner selon votre propre sensibilité et vos résultats.

GUIDE PRATIQUE DE L'INTUITION DANS LES AFFAIRES

Laura Day

Intuition. Pressentiment. Sixième sens. Quelle que soit la manière dont vous l'appelez, vous vous en servez chaque jour. Quelle que soit la décision à prendre, la décision finale provient en partie du côté intuitif de notre esprit.

Laura Day a enseigné à des managers, des analystes financiers, des stars et des docteurs comment se servir consciemment de notre sixième sens caché.

Au contraire de beaucoup de spécialistes qui vous disent que vous devez être né avec un sixième sens, Laura Day nous prouve que toute personne, avec un peu de pratique, peut devenir consciemment intuitive et user de son sixième sens.

Après le succès de son premier livre, Laura Day aborde cette fois-ci la santé financière et les relations professionnelles.

L'ÉDUCATION DES ENFANTS PAR L'ENNEAGRAMME

Elizabeth Wagele

Elizabeth Wagele, auteur de *L'ennéagramme facile*, est de retour avec sa merveilleuse explication pour faire comprendre comment les neuf types de l'ennéagramme peuvent vous aider à devenir de meilleurs parents.

Avec son style direct et illustré, qui rend aisément assimilable la science de l'ennéagramme, elle nous explique les problèmes les plus communs pour les enfants tels que : habitudes alimentaires, difficultés à se mettre au lit ou le comportement avec les autres enfants.

Elizabeth Wagele nous donne des conseils simples et complète son ouvrage avec vingt judicieux conseils sur les questions que les parents se posent régulièrement.

Les questionnaires associés à chaque type d'en-néagramme vous aideront à savoir quel est le type exact de votre enfant.

Grâce à ce livre, vous éduquerez votre enfant d'une manière créative et, surtout, de la façon la plus appropriée à son caractère.

LE REBIRTH
Viviane Aubert

Le Rebirth est une technique d'auto-guérison.

Sa pratique permet de nous déconditionner, d'abandonner les vieux schémas pour accéder à la réalisation de soi.

Il permet de faire remonter à la conscience les traumatismes de naissance et toutes les expériences douloureuses refoulées, pour les dissoudre et les transformer en une énergie positive et créatrice.

Viviane Aubert, en racontant de nombreuses expériences vécues, nous fait mettre en pratique le Rebirth par des techniques décrites simplement et utilisables par tous.

L'EVEIL AU QUOTIDEN
Pir Vilayat Inayat Khan

«Porteur de toute la rébellion soufie contre l'institutionnalisation de la spiritualité, Pir Vilayat, avec sa sensibilité d'artiste, nous rappelle que la danse, la musique, les couleurs et l'humour sur soi sont des voies royales de la méditation. Il est vain, nous dit-il, de se lamenter en disant que le monde est une illusion. Tels les derviches vivant dans les marchés et les bazars au lieu de fuir le monde, Pir Vilayat enseigne à y quêter les traces et les signes qui sont autant d'invitations au voyage.»

Bernard Ginisty.

Cofondateur de l'Association «Démocratie et Spiritualité».

«Dans la lignée des grandes figures de la tradition soufie, Pir Vilayat Khan décrit ici un chemin pratique et progressif qui conduit à ce que les mystiques appellent l'éveil. S'inspirant de la sagesse des grandes traditions spirituelles auxquelles il ajoute ses propres expériences, il enseigne une démarche originale susceptible de conduire chacun de la personnalité mondaine à la personnalité divine.

On puisera un peu du nectar qu'il distille en révélant une à une les dimensions sacrées et cachés de l'univers qui n'est autre que nous-même lorsque l'on retire les voiles qui nous le cachent.»

Patrick Lévy.

Ecrivain.

DICTIONNAIRE ASTROLOGIQUE
Janine Mora

L'astrologie a ses racines dans la nuit des temps et a son langage bien particulier. Cette discipline, comme toutes les autres, évolue. Certains mots tombent en désuétude et sont remplacés par d'autres, plus actuels.

Ce dictionnaire se propose de venir en aide au lecteur, en lui fournissant l'explication, la plus claire et la plus simple possible, de la majorité des termes utilisés dans ce domaine.

MON COMBAT POUR LA VIE
Béatrice Gautilbit

Lorsque son médecin lui annonce qu'elle souffre d'un cancer et n'a plus que trois ans à vivre, l'auteur décide de se battre. Elle est convaincue qu'aucun mal n'est irréversible. Ses choix se portent vers des thérapies naturelles qui se révèlent efficaces et améliorent sa santé.

Par son témoignage, Béatrice Gautilbit nous apporte un excellent stimulant dans le combat à mener face à la maladie.

DHARMA VIVANT
Jack Kornfield

Dans la philosophie bouddhique, le dharma est la vérité éternelle enseignée par le Bouddha sur la nature de l'existence et les secrets de l'univers.

Grâce à la méditation, le disciple du Dharma pourra envisager le monde de façon claire et précise, non seulement le monde matériel mais aussi le monde spirituel qui lui donne naissance. Il pourra ainsi atteindre l'état d'éveil, la conscience de la vie dans sa totalité, sans être emprisonné dans les illusions du matérialisme.

Jack Kornfield présente l'essentiel de la pratique

bouddhiste, telle qu'elle est enseignée par les maîtres les plus respectés de l'Asie du Sud-Est. Ceux-ci nous offrent une riche variété de techniques de méditation (allant jusqu'à la réalisation du Nirvana) et les pratiques donnant à chacun la possibilité de connaître le véritable enseignement de Bouddha ici et maintenant.

Auteur de nombreux livres, Jack Kornfield est l'un des enseignants les plus connus dans ce domaine, aux U.S.A. et dans le monde entier.

PAGE DE TOUS LES POSSIBLES
Marion-Catherine Grall

Toute expérience, bonne ou mauvaise, nous apporte quelque chose. Chaque séparation est comme une renaissance. Rester en situation de souffrance nous empêche d'avancer.

La page blanche de notre avenir, celle de tous les possibles, nous effraie. Il faut réapprendre à sourire, chanter, rêver, parler et ... aimer.

L'auteur nous livre son expérience et nous montre la puissance de transformation que l'écriture et la tenue d'un journal peuvent apporter dans notre vie. Marion-Catherine Millier décrit les différentes méthodes qu'elle a utilisées pour accomplir son parcours et s'ouvrir à un nouvel amour.

Elle nous offre avec enthousiasme un message d'espoir pour réussir sa vie et retrouver la confiance et l'estime de soi qui sont les fondements mêmes du bonheur.

Achevé d'imprimer sur les presses
de l'Imprimerie du Corrézien
19460 NAVES
Imprimé en France - Octobre 2001
N° impression : 1733
Dépôt légal : 4e trimestre 2001